고교중퇴 배달부

연봉 1억
메신저 되다

고교중퇴 배달부
연봉 1억
메신저 되다

박현근 지음

바이북스
ByBooks

2019년 7월 어느 날.

오전 오후에 걸쳐 하루 두 번의 강의를 했다. 대학생 대상 '청년 멘토' 강의와 월급쟁이 부자 카페 회원 대상 '실용독서법 강의'. 참여 인원은 각각 100명이 넘었다. 모두 내 말에 귀를 기울였고, 나는 온 힘을 다해 경험과 지식을 전했다.

강의를 마친 후에도, 개인적인 질문에 답하느라 꽤 많은 시간을 소요했다. 나는 하나라도 더 알려주고 싶었고, 그들은 하나라도 더 배우고자 했다. 누군가에게 나눠줄 뭔가가 내게 있다는 사실만으로도 가슴 벅찼고 행복했다. 나는 메신저의 삶을 살고 있다. 하루하루 '경험과 지식으로 수익을 창출하는 방법'을 연구하고 고민한다. 그 고민하는 삶에 만족하며 감사한다.

내 학력은 고등학교 중퇴가 전부다. 교문 밖을 나선 뒤 강남에서 배달 생활만 10년 했다. 학벌은 물론 내세울 만한 경력도, 인맥도 없다. 부모로부터 물려받은 재산 따위는 아예 없다. 가진 것도 없고 가방끈도 짧다. 그럼에도 불구하고 지금 누구도 부럽지 않은 삶을 누리고 있다. 내 삶의 이야기가 여러분에게 자극이 되었으면 좋겠다. 여러분에게 희망과 용기를 줄 수 있기를 소망한다.

이 책은 모두 5개의 장으로 구성했다.

1장 〈어린 시절의 겨울바람〉에서는, 과거 내 삶의 이야기를 털어놓았다. 타고난 환경이나 실패 따위가 성공에 방해물이 될 수 없음을 강조했다.

2장 〈책과 강연으로 성장하다〉에서는, 책과 강연을 통해 내가 성장한 이야기를 다루었다.

3장 〈메신저의 삶〉에서는, 개인이 가진 경험과 지식으로 수익을 창출하는 방법에 관해 설명했다.

4장 〈세상을 이기는 무기〉에서는, 오늘을 살아가는 사람들이 꼭 알아야 할 스마트 정보와 독서 방법에 대해 자세히 풀어냈다.

5장 〈성공을 사랑하는 사람에게〉에서는, 나처럼 가진 것 없고 배움이 짧은 이들도 얼마든지 성공할 수 있다는 희망을 전했다. 더불어 메신저가 되는 방법에 대해 소개했다.

책을 쓰기까지 꽤 오랜 시간 망설였다.

하루에도 수없이 쏟아지는 자기계발 도서 중 한 권으로 치부될까 두려웠다. 전업 작가가 아니기에 서툴고 어설픈 문장으로 독자를 힘들게 하지는 않을까 조심스러웠다. 쉽지 않았지만, 결정을 내렸다. 나의 경험이 누군가에게 조금이라도 도움이 될 수 있다면, 기꺼이 나누기로 마음먹었다. 그것이 메신저의 진정한 삶이라고 생각했다.

이 책을 손에 든 독자라면, 부와 성공에 대한 갈망이 누구 못지않게 크리라 예상된다. 반면 삶의 무게 또한 만만치 않은 상황이라 짐작된다. 이 책으로써 여러분과 함께 나누고 고민하기를 희망한다. 세상살이, 솔직히 참 힘들다. 그래도 누군가 곁에 있다면 그 힘겨움이 덜어진다. 이 책이 여러분의 곁을 지켜줄 수 있다면 정말 좋겠다.

고등학교 중퇴자로서 연봉 1억의 메신저가 되기까지 숱한 고통과 시련을 겪었다. 나는 정말 아무것도 몰랐다. 세상이 얼음처럼 차가운 곳인지도 몰랐다. 그렇게 다치기만 하고 살았기에 누구나 성공에 이를 수 있다는 사실 역시 알지 못했다. 그 희망의 메시지에 가슴을 열 수 없었다. 다행히 성공의 방법들을 찾았고, 이제는 그 방법들을 실천하며 열심히 살고 있다. 더 나은 내일을 살기 위해 끊임없이 노력하고 있다.

나는 성공의 방법들을 다른 사람들과 함께 나누고 싶다. 나는 힘들었지만, 다른 사람들은 힘들지 않았으면 하는 바람 때문이다. 그 바람이 내 손에 펜을 쥐어주었다. 메신저의 삶을 걷게 만들었다. 글을 쓰기 전에는 미처 알지 못했다. '메신저'가 이토록 가슴을 설레게 하고 심장을 뜨겁게 만드는 단어일 줄은.

당신의 심장도 뛰고 있다. 이제는 더 뜨겁게 뛰어야 할 때이다. 책이 곁에 있다. 이 절호의 시기를 놓치지 않기 바란다.

이 책을 쓰기까지 정말 많은 분들의 도움을 받았다. 3P바인더를 알게 해주신 서관덕 사장님. 습관 전문 강사의 꿈을 갖게 해주신 안상열, 이은호 강사님. 3P바인더 수업을 듣게 도움 주신 이경재 마스터님, 바인더와 독서로 성과를 낼 수 있도록 도움 주신 3P자기

경영연구소 강규형 대표님,《어쩌다 도구》이재덕 저자님. DID 정신을 알려주신 송수용 대표님. 성공한 1인 기업가로 살아 갈 수 있게 도움 주신 김형환 교수님. 마케팅을 알게 해주신 트렌드헌터 정영민 대표님. 마인드맵을 알게 해주신 매일 마인드맵 오소희 강사님. 우리나라 최고의 디지털 마인드맵을 만들어주신 씽크와이즈 정영교 대표님. 울산, 부산 강의개설에 많은 도움을 주신 김태경 원장님, 대학교에서 강의하는 꿈을 이루게 해주신 안동대 박미경 선생님. 힘들 때마다 옆에서 응원해주는 비저니어링 장재훈, 황태원 강사님. 언제나 내 일처럼 도움주시는 네모의 꿈 사장님, 리니쭈니맘님, 항상 아들처럼 챙겨주시는 워킹맘 소행님. 수백 명 앞에서 강의하는 꿈을 이루게 해주신 월급쟁이 부자들 너바나 대표님. 다꿈스쿨 청울림 대표님. 서리풀 나비 독서모임 운영을 도와주신 씽크와이즈 전문가 지신웅 강사님, 중국어 공부에 도움을 주신 이현정 강사님. 브랜드 버처드를 만나게 도움 주신 윤스키 강사님, 영어로 강의하는 꿈을 갖게 해주신 딱영어연구소 김영익 소장님, 박코치 어학원 박코치님. 나의 소중한 친구 이응관. 글 쓰는 삶을 살 수 있게 도움을 주신 이은대 작가님. 이은대 작가님이 아니었으면 이 책은 세상에 나올 수 없었다. 첫 책이 세상에 나올 수 있게 도움 주신 바이북스 윤옥초 대표님. 마지막으로 언제나 아들을 믿어주시고, 아낌없는 사랑을 주시는 아버지, 어머니께 이 책을 바친다.

2019년 가을

한국의 브렌든 버처드를 꿈꾸는

박 현 근

성공의 방법들을 다른 사람들과 함께 나누고 싶다.

나는 힘들었지만, 다른 사람들은 힘들지 않았으면 하는

바람 때문이다. 그 바람이 내 손에 펜을 쥐어주었다.

메신저의 삶을 걷게 만들었다.

글을 쓰기 전에는 미처 알지 못했다.

'메신저'가 이토록 가슴을 설레게 하고

심장을 뜨겁게 만드는 단어일 줄은.

당신의 심장도 뛰고 있다. 이제는 더 뜨겁게 뛰어야 할 때이다.

책이 곁에 있다. 이 절호의 시기를 놓치지 않기 바란다.

차 례

chapter 1

어린 시절의
겨울바람

chapter 2

책과 강연으로 성장하다

chapter 3

메신저의 삶

chapter 4

세상을 이기는 무기

chapter 5

성공을 사랑하는 사람에게

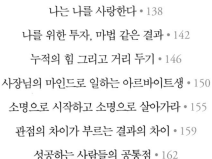

chapter **1**

어린 시절의
겨울바람

베트콩과
쓰레기

"베트콩 같은 새끼! 너 같은 쓰레기는 학교 다닐 자격도 없어!"

나는 고등학교 3학년 직업반이었다. 그날 준비물을 챙기지 못했다. 공부를 잘하는 우등생도, 모범생이었던 것도 아니지만, 나 자신이 '베트콩 같은 새끼'라 생각한 적은 단 한 번도 없었다. 나는 학교 다닐 자격도 없는 '쓰레기'가 아니었다. 친구들이 다 보는 앞에서 선생님의 입에서 나오는 말들은 남김없이 가슴에 꽂혔다.

학교라는 공동의 배움터에서 나쁜 학생이 되는 상황을 견딜 수 없었다. 선생님에게 나는 학생도 아니었고, 박현근이라는 한 인격체도 아니었다. 나는 '베트콩'이었고 '새끼'였으며, '쓰레기'였다.

자퇴했다. 인내의 부족이었고 분노의 폭발이었다. 2002년 3월, 조금만 더 참으면 고등학교 졸업장을 손에 쥘 수 있는 시기였다. 돌아서 교문을 나서는 동안, 눈물이 멈추지 않았다. 올바른 선택인가.

후회하지 않을 자신 있는가. 지금부터 내 삶은 어디로 흘러가게 될 것인가. 답도 없는 질문에 맥이 풀렸다. 나는 그렇게 삶의 트랙을 벗어나고 말았다.

부모님에게 죄송했다. 죄책감이 몰려왔다. 나는 '베트콩'과 '새끼'에다가 '불효자식'과 '죄인'이 되어버렸다. 자괴감이란 것이 이토록 사람을 고통스럽게 만드는 것인지 그때 처음 알았다. 살아갈 자신이 없었다. 호기롭게 교문을 등지긴 했지만, 그때의 막막함이란 표현하기조차 힘들다. 그리고 생각했다. 내가 부모가 되었을 때, 내 자식이 나와 같은 선택을 하게 된다면 나는 과연 기꺼이 힘을 실어주는 아빠가 될 수 있을까.

대한민국 모든 교사가 그럴 거라는 생각은 하지 않는다. 문제의 원인은 준비물을 챙겨가지 않은 나 자신이다. 준비물을 준비하지 않아 선생님에게 고등학교 3학년으로서뿐만 아니라 인간으로서도 가치가 없다는 말을 들은 것이다. 단지 나는 그 언행을 받아들일 수 없었을 뿐이다.

어린 나이였지만, 적어도 고등학교까지는 졸업해야 대한민국이란 나라에서 평범한 사회생활이 가능하다는 사실 정도는 알고 있었다. 대한민국 사람이라면 누구나 고등학교 정도는 나와야 된다는 사실도 알고 있었다. 고등학교 교문을 나서면서 나는 대한민국의 사회적 관념과 스스로 이별한 것이다. 선택에 대한 책임은 고스란히 내 몫이었다. 차가운 세상 한가운데 혼자 떨어진 느낌이었다. 아직 시작도 하지 않은 삶에 모진 바람이 불어오는 듯했다. 무슨 일을 해서라도 살아남아야 했다.

지금이야 홈스쿨링이나 개인 학습 등 학교 교육을 대신할 수단이 있지만, 또 그 수단을 쓰는 것이 용납되는 세상이지만, 그때는 아니었다. '자퇴'는 곧 '불량학생'이라는 등식이 성립되는 시절이었다. 나는 불량학생으로서 혼자서 공부를 해야겠다는 생각은 전혀 하지 않았다. 어차피 공부 재주도 없었고, 팍팍 돌아가는 머리도 없었다.

돈을 벌기로 마음먹었다. 어떻게든 돈을 벌어서 내 삶을 일으켜야겠다고 결심했다. 만만치 않았다. 고등학교를 중퇴한 나에게 선택의 폭은 바늘구멍보다 좁았다.

축제에서
멀어진
배달부

2002년 2월, 친구들이 마지막 봄방학을 맞이할 즈음, 나는 배달을 시작했다. 집 근처 중국집 출입문에 붙어 있던 전단지 한 장을 계기로 배달부의 길에 접어든 것이다. 월급 80만 원, 밥은 먹을 수 있었다.

나는 오토바이를 타고 찬바람을 온몸으로 맞으며 세상과 마주했다. 아침 9시부터 밤 9시까지 꼬박 12시간 일했다. 일찍 출근해 아침밥을 먹고 나면, 같이 일하는 형과 함께 전단지를 돌렸다. 점심시간이 되면 정신이 하나도 없을 만큼 바빴다. 골목골목 배달통을 들고 뛰어다녔다. 짬뽕 국물이 쏟아져 엉망이 되기도 하고, 늦게 도착했다는 이유로 손님들에게 험한 소리를 듣기도 했다.

음식 배달은 시간이 생명이었다. 배달 시간을 지키려면 제시간에 끼니를 챙겨 먹을 여유도 없었다. 삼각김밥과 초코바가 주식이었다. 허기진 배가 가장 큰 고통일 수 있는 나이였다. 그래서 손님들이 먹고 남긴 탕수육과 깐풍기를 손으로 집어먹었다. 그 시절의 기억 탓인지 나는 지금도 음식을 남기지 않는다.

하루하루 배달을 하고 푼돈을 받아 챙겼다. 말 그대로 입에 풀칠만 하며 살았다. 꿈도 비전도 없었다. 열여덟, 한창 때였던 나는 배고픔을 해결할 수 있다는 사실에만 만족했다. 그것만으로도 감사했다.

동네 중국집이다 보니 배달 가는 곳마다 아는 사람과 마주치는 일이 잦았다. 학교에 있어야 할 시간에 배달하고 있으니, 나를 쳐다보는 시선을 견디는 것도 참 못 할 짓이었다. 결국 주방 아주머니의 추천으로 동네에서 떨어진 종로3가 중국집에서 배달 일을 할 수 있게 되었다.

일을 할수록 돈 욕심이 생겼다. 중국집 배달만으로는 그 욕심을 채우기 부족했다. 나는 버티기 힘든 체력을 무시하고 새벽 우유배달에도 나섰다. 아침 9시부터 밤 9시까지 중국집 배달, 집에 돌아와 잠깐 눈을 붙인 뒤 새벽 2시에 일어나 우유를 배달했다. 육체적으로 힘든 것이야 두말할 필요도 없었지만, 돈을 더 많이 벌 수 있다는 생각에 이를 악물고 버텼다.

돈맛을 알게 되었다. 처음에는 학교를 그만둔 선택에 대해 후회가 있기도 했지만, 시간이 지날수록 돈이 쌓여가면서 후회는 줄어

오토바이 배달사진.
돈맛을 오토바이 배달로 알게 되었다.
그러나 시간이 지나자 자유는커녕 분노만 쌓여갔고
이제 그만둘 수도 없었다. 살아야 했기 때문이다.
그때는 벗어나려고 했지만 꼭 배달의 기억을
기록해놓아야 앞으로 나갈 수 있을 것 같았다.

들었다. 내가 사고 싶은 것들을 눈치 보지 않고 살 수 있다는 사실이 만족스러웠다. 배달 생활을 멈추지 않고 계속했던 이유이기도 하다. 학교생활이 전부였고, 틀에 박힌 일과와 통제된 시간밖에 몰랐던 내게 자유와 돈이 찾아와준 것이다.

그러나 돌이켜보면, 어리석기 짝이 없고 모자란 생각이었다. 사람다운 대접을 받지 못해 학교까지 그만두었는데, 여전히 사람다운 대접을 전혀 받지 못했다. 그러면서 몇 푼 돈에 잠시 혼을 잃어버렸던 것이다.

"거기 두고 가!"

"돈은 그릇 찾으러 갈 때 받아 가!"

"그릇은 이따가 찾아가!"

"오토바이 여기 세우지 마!"

반말 듣는 게, 무시당하는 게 일상이었다. 담임의 거친 말과 무시가 트라우마로 남았던 나는 사람들이 혐오스러워지기 시작했다. 돈맛에 취해 잠시 잊었던 자존감과 자존심이 깨어났던 것이다.

'언제 봤다고 반말이야? 왜 나를 무시하는 거야? 배달하고 있으니까 내가 우습게 보여?'

세상을 향한 증오와 피해의식이 커져 갔다. 그것이 점점 나를 힘들게 만들었다. 힘들어지면서 싸움이 잦아졌다. 참지 못했다. 손님과 시비가 붙어 경찰이 출동한 적도 많았다. 반말과 욕설을 던진 사람들의 변명은 한결같았다.

"아들 같아서……."

"자식뻘 같아서……."

왜소한 체격 때문에 더 무시당한다는 생각에 살도 좀 찌우고 몸도 만들고 싶었다. 하지만 열아홉 배달부 처지에 그런 사치를 누릴 만한 환경은 만들기 힘들었다.

학교를 그만두고 배달 일을 하고 있다는 내면의 콤플렉스가 워낙 컸다. 그래서 사람들의 한마디 한마디가 모두 나를 공격하는 말로 들렸다. 욱하는 일이 많아졌고, 사사건건 시비가 붙는 일도 늘어갔다. 그래도 배달을 해야 했다. 살아야 했기 때문이다.

중국집을 시작으로 우유, 피자, 도시락, 퀵서비스, 한식 등 닥치는 대로 배달을 했다. 2002년 여름, 온 국민이 대한민국 파이팅을 외치던 그때도 몸과 마음이 만신창이가 된 채 오토바이를 몰고 다녔다. 월드컵은 다른 사람들의 축제 같았다. 나는 모든 것을 잃어버린 세상의 낙오자 같았다. 낙오자는 매일같이 눈물과 아픔과 쓰라림을 배달통에 담고 실어 날랐다.

선생님이 나를
때리라고 했다

오토바이는 위험했다. 나를 지킬 수 있는 유일한 방패막이는 헬멧이 전부였다. 자칫 크게 다칠 수도 있다는 사실을 모르는 바 아니었지만, 대부분의 오토바이 운전자들이 그렇듯이 나 자신이 사고 당사자가 될 수 있다는 생각은 전혀 하지 않았다.

어느 새벽, 오토바이를 타고 인적이 드문 건널목을 가로지를 때였다. 쿵 소리와 함께 내 몸이 붕 하늘로 떠올랐다. 곧이어 철퍼덕 소리와 함께 바닥에 나뒹굴었다. 마주오던 다른 오토바이와 충돌한 것이다. 얼굴이 엉망이 되었다. 한쪽 얼굴이 퉁퉁 부어올라 눈은 뜨지도 못했고, 검붉은 피멍이 얼굴 전체를 감싸고 있었다. 병원에 누워 찍은 사진을 아직도 가지고 있다. 팔과 다리도 성하지 않았다. 죽지 않고 살아 있음이 천만다행이었다.

서글펐다. 교통사고가 나서 병원에 입원했다는 사실보다, 또래의 친구들이 모두 학교에 있다는 사실이 더 슬펐다. 나는 왜 이렇게 살아야 하는 걸까. 회의와 원망, 세상을 향한 분노가 심장을 뚫고 나올 것만 같았다.

경찰이 사고를 조사하는 과정도 나를 더 아프게 했다. 피해자 대접(?)까지는 바라지도 않았다. 있는 그대로만 조사받고, 최소한의 존중 정도는 받을 줄 기대했다. 그러나 경찰은 시종일관 어린애 취급을 했고, 학교를 중퇴했다는 이유만으로 동네 양아치 대하듯 했다. 나는 불쾌하고, 억울하고, 자존심이 상했다. 내 안에는, 폭발하지 못한 분노가 층층이 쌓여만 갔다. 그것이 화석처럼 단단해져갔다.

병원에 입원해 있는 동안, 문득 한 가지 기억이 떠올랐다. 학교를 그만두고 중국집에서 막 일을 시작했을 무렵, 같은 반 친구들이 나를 찾아온 적이 있었다.

"야! 너 병신같이 계속 배달만 할 거냐?"

"학교에 다시 가자! 너 이렇게 인생 망칠 거냐?"

고함을 지르며 나를 설득하려는 친구들. 하지만 그 친구들의 말이 곧이들리지 않았다. 순수한 마음으로 나를 회유한다기보다는, 불순한 마음으로 놀리는 것처럼 들렸다.

"내 인생은 내가 알아서 해. 너희들 할 일이나 해."

단칼에 거절하는 나를 친구들이 둘러쌌다. 갑자기 들어오는 주먹과 발길질에 꼼짝없이 두들겨 맞았다. 왜 맞는지도 몰랐다. 나를 학교로 다시 데려가겠다며 온 녀석들이 나의 당당한 거절에 기분이상했다며 나를 두들겨 패다니. 영문도 모른 채 흠씬 두들겨 맞는 상황이 어이가 없어 눈물도 나지 않았다.

　오토바이 사고로 병원에 누워 욱신거리는 몸을 추스르려고 몸부림 치고 있으려니, 비로소 그때 친구들한테 두들겨 맞았던 기억이 아픔으로 거세게 밀려왔다. 서러웠다.

　나중에서야 친구들에게 맞은 이유를 알게 되었다. 담임이 친구들에게 단단히 일러뒀다고 한다. 말 안 들으면 두들겨 패서라도 학교에 데리고 오라고. 베트콩 새끼, 쓰레기라며 나를 인간 이하의 취급을 했던 담임이 친구들을 보낸 것이다. 친구들은 선생님 말씀을 너무나도 새겨들은(?) 탓에 나를 두들겨 팬 것이다.

　누구를 탓하기도, 그렇다고 이해하기도 싫었다. 그저 나 자신이 몹시 미웠다. 내 신세가 너무 한심했다. 세상이 원망스러웠다. 병원 침대에 누워 내가 하는 일은 천장 바라보기뿐이었다. 한숨이 끊이지 않았다. 머릿속에 '베트콩', '새끼', '쓰레기'라는 단어가 끝도 없이 뱅뱅 맴돌았다. 죽고 싶다는 충동이 일었다. 상처는 죽음의 충동에 아랑곳없이 아물어갔다.

　몸을 겨우 움직일 수 있을 만큼 나았을 때, 배달을 다시 시작했다. 돈을 벌어야 했고, 할 수 있는 일이라고는 배달밖에 없었다. 이전보다 훨씬 조심했고, 일도 조금 줄였다. 학교를 그만둔 것에 대해서는 절대 후회하지 않았다. 아니, 후회하지 않으려 애썼다. 이제와 후회하면 내 자신이 너무 불쌍해졌기 때문이다. 되돌릴 수 없는 시간이라고, 이제는 앞만 보며 살아야 한다고 스스로를 채근했다.

나는 이를 악문 채 오토바이 핸들을 꽉 쥐었다.

'언젠가 꼭 되돌려줄 테다. 나를 무시하고, 공격한 인간들, 나를 바닥에 처박은 세상······. 저 높은 꼭대기에 서서 내려다보며 내 선택에 후회 없다는 소리 한 번 지르고 말 테다.'

바람은 차가웠고, 얼굴은 여전히 욱신거렸다.

배고픔이
조금
덜했다면

요즘은 영하의 날씨에서도 걷는 것은 견딜 만하다. 하지만 오토바이를 타면 정면으로 불어오는 겨울바람을 도저히 이겨내기 힘들다. 헬멧을 쓰고 보온 마스크를 착용하지만, 매서운 겨울바람은 헬멧의 틈새로 소리 없이 들어와 재빠르게 온몸으로 스며든다. 차라리 40도에 육박하는 여름 땡볕이 오토바이를 타기에는 낫다. 겨울바람이 무서워서 배달 주문이 없었으면 좋겠다는 생각까지 했었다. 장갑을 겹겹이 껴도 손가락은 마비되기 일쑤였고, 양쪽 볼은 꽝꽝 얼어붙어 동상이 사라질 날이 없었다.

배고픔은 더했다. 내 나이 열아홉, 자전거도 씹어 먹을 수 있는 나이였다. 삼각김밥으로 점심을 때우고, 초코바 하나로 저녁을 견디기에는 에너지가 지독스럽게도 활활 타오르던 때였다. 이미 다 큰 키였지만, 그래도 가끔 생각해본다. 그 시절의 배고픔이 조금 덜

했다면, 아마 지금쯤 2cm 정도는 더 크지 않았을까 하고 말이다. 시련과 고통은 사람을 성장시킨다고 한다. 이 말을 곧이곧대로 대입하면, 내 키는 2m가 넘어야 했다.

그 시절의 겨울바람 덕분에 배운 점도 하나 있다. 세상은 냉혹하고 냉정한 승부의 세계라는 것, 동정을 바라며 눈물 콧물 짜봐야 아무도 남의 삶에 관심 두지 않는다는 것. 나는 지금도 세상이 차가운 곳임을 잊지 않고 살아간다. 하지만 세상을 비관적으로 보는 습관이 생긴 것은 아니다. 더 객관적이고 냉철하게 보는 습관이 생긴 것뿐이다. 너무 많은 기대를 하지 않는다. 따뜻함에 기대려는 안일한 생각도 하지 않는다. 때로 내가 나태해지려고 하거나 등을 바닥에 뉘어 편하게 살고 싶다는 생각이 떠오를 때면, 어김없이 그때의 겨울바람을 떠올린다. 매섭게 불어오는 바람 덕분에 나는 강해졌다. 손과 얼굴을 꽁꽁 얼어붙게 만드는 얼음장 같은 추위가 내 심장을 더 뜨겁게 만들었다. 배고픔을 겪어봤기에 배고픈 사람의 심정을 누구보다 잘 안다. 굶어죽는 사람이 드문 세상이 되었다지만, 아직도 우리 곁에는 굶주림에 허덕이는 이웃이 많다. 아마도 내 남은 삶에서 그들을 지우는 시간은 없을 터이다.

시련과 고통은 겪어본 사람만이 진정 이해할 수 있다고 믿는다. 신이 있어 내게 그런 고통을 안겨주었다면, 이는 필시 나에게 굶주린 이들을 돕게 하려는 큰 뜻이 있어서가 아닐까. 무슨 공자님 말씀처럼 들리기도 하겠지만, 솔직한 내 심정이다. 나는 열아홉 살 아이들이 춥고 배고픈 시간을 갖지 않기를 간절히 바란다. 혹여 그럴 수밖에 없는 상황에 놓여 있다면, 나를 본보기 삼아 꿋꿋하게 버텨주길 응원한다.

어둠은 지나간다. 겨울도 지나고, 바람도 지난다. 꽃을 피우겠다는 심정으로 묵묵히 견디는 힘이 필요하다. 언젠가 '내 세상'을 만들겠다는 큰 꿈과 비전을 가져야 한다. 지금의 시련은 무조건 이유가 있다. 더 단단하고, 더 깊이 있는 삶을 살아가라는 신호라 여길 수 있기를!

추위와 배고픔. 나에게는 가장 견디기 힘든 고통이었다. 그러나 덕분에 나는 누구보다 추위와 배고픔을 잘 견디게 되었다. 춥고 배고픈 사람을 잘 이해하게 되었다. 춥고 배고픈 상황을 만들지 않도록 최선을 다해 살아가게 되었다.

아들놈
같아서

무더운 여름. 강남 신사동에서 도시락 배달을 했다. 배달이 많이 밀려 한꺼번에 네 군데를 다녀와야 했다. 압구정역 가발집이 마지막 배달 장소였다. 잠시도 쉬지 않고 배달을 했지만, 어쩔 수 없이 다소 시간이 늦고 말았다.

"야! 이 새끼야! 지금 몇 시인데, 이제 오는 거야?"

문을 열기 무섭게 주인아저씨의 욕설이 터져 나왔다. 온몸에 땀이 흘렀다. 뙤약볕에 배달하느라 숨을 쉬기조차 힘들었다. 결국 나도 참지 못하고 한마디 내뱉었다.

"언제 봤다고 반말이세요? 드시기 싫으면 도로 가져 갈게요!"

도시락을 챙겨 배달통에 집어넣으려는 순간, 퍽 하는 소리와 함께 쓰러졌다. 아저씨가 화를 참지 못하고 내게 주먹을 날린 것이다. 내 입술에서는 피가 흘렀다. 흥분을 가라앉히지 못한 아저씨는 계속 내게 달려들어 주먹을 휘둘렀다. 이대로 맞다가는 죽을 수도 있겠다 싶었다. 간신히 빠져나온 나는, 바로 옆 건물 병원으로 들어가 간호사를 붙들고 신고 좀 해달라고 부탁했다. 손이 떨려 직접 전화를 걸 수가 없었다. 아프고 정신없었다. 온몸이 떨렸다.

잠시 후, 경찰이 도착했다. 가발집 주인아저씨와 나는 함께 경찰서로 이동했다. 경찰차 안에서 그 아저씨는 계속 변명을 해댔다.

"아들놈 같아서 내가 그만. 아들놈 같아서…….."

"아저씨! 말 같지 않은 소리 그만하세요! 저는 아버지한테도 맞은 적 없어요. 아저씨가 뭔데 저를 때려요?"

목소리가 떨렸다. 분하고 억울했다. 아팠다. 무시, 모멸, 욕설, 구타……. 왜 이렇게 업신여김을 당하고 살아야 하는 건지, 배달부는 원래 이렇게 살아야 하는 건지 답답하고 원통했다.

'절대로 그냥 안 넘어가.'

나는 이동하는 경찰차 안에서 몇 번이나 다짐했다.

경찰서에 도착했다. 경찰서는 처음이었다. 잘못 하나 없는데도 두려움이 엄습했다. 몇 시간 동안 조서를 꾸미고 진술을 반복했다. 그 아저씨와 나, 두 사람의 진술이 모두 끝나고 나서야 경찰은 합의를 권했다. 치료비와 배상, 가발집 아저씨는 모든 책임을 지겠다면서 합의를 요구했지만, 나는 도저히 분이 풀리지 않았다. 끝까지 처벌을 고집했다.

모든 조사를 마치고 경찰서 출입구를 나서는데, 갑자기 눈물이 쏟아졌다. 참으려 했지만 불가능했다. 짐승 같은 울음소리가 입 밖으로 터져 나왔다. 미친놈처럼 울었다. 서러웠다. 아팠다. 땅바닥에 주저앉고 싶었다. 다 때려치우고 죽고 싶다는 생각만 들었다.

눈물을 멈추고 정신을 차렸을 때는 이미 해가 지고 난 후였다. 내가 서 있는 곳이 어디쯤인지도 모를 정도로 마구 걸었던 모양이다. 길게 한숨을 내쉬었다.

'이렇게 살 수는 없다. 도저히 이렇게 살 수는 없어. 이건 사는 게 아니야. 내가 왜 이렇게 살아야 해?'

바꿔야 한다는 생각이 들었다. 당장. 무슨 일이 있어도 참고 버티 겠다고 마음먹고 산 세월이 벌써 10년이었다. 욕설과 반말을 수도 없이 들었다. 뺨 맞는 정도는 기본이었다. 인간 대접을 받지 못하는 것도 꾹꾹 참고 견뎠다. 그러나 더는 안 된다. 이대로 계속 살다간 나도 내가 무슨 짓을 저지르게 될지 몰랐다. 무서웠다. 처음으로 나 자신이 무서워졌다. 가발집 주인아저씨 주먹이 얼굴에 내리꽂혔을 때, 내가 생각보다 무서운 존재가 될 수도 있다는 사실을 처음 깨달 았다.

'지금까지 살아온 삶을 멈춰야 할 때가 온 거야. 더는 이렇게 살 아서는 안 돼. 무슨 수를 써서라도 이 바닥을 벗어나자.'

이상하게도 눈물이 멈췄다. 서글픈 마음도 사라졌다. 심장 소리 가 들렸다. 조금 전까지와는 세상이 전혀 다르게 보이기 시작했다. 전혀 다르게.

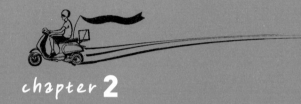

chapter **2**

책과
강연으로
성장하다

우연히 만난
한 권의 책

누구나 삶을 바꾸고자 결심하는 때가 있다. 강렬한 동기와 열정
이 치솟는 순간, 흔히 터닝포인트라 말하기도 한다. 결심의 강도에
따라, 실천하려는 의지에 따라, 그리고 얼마나 적극적이고 끈기 있
게 실천하는가에 따라 결과는 크게 달라진다.

한여름 불볕더위 속에서 온몸이 땀에 젖은 채 거지 같은 꼴로 배
달통을 들고 다녔다. 욕설과 폭행, 난생처음 갔던 경찰서. 두려움과
억울함이 함께 터져 눈물이 멈추지 않았던 그날. 나는 10년간의 배
달 생활을 청산하고 새로운 삶을 열기로 마음먹었다.

뜨거운 무엇이 가슴속 깊은 곳에서 끓어올랐지만, 막상 무엇부터
해야 할지 막막하기만 했다. 학원을 찾아다니며 다시 공부를 시작
한다면? 그렇게 해서 대학에 들어가 졸업장을 따고 학벌이 좀 나아
지면 내 삶이 달라질 수 있을까? 확신이 서지 않았다. 제대로 공부

할 자신도 없었다. 나는 이미 망가질 대로 망가져 있었다. 과거 학교생활에서 겪었던 숱한 실망과 회의가 두 번은 없을 거라는 기대도 하기 힘들었다.

조언을 구할 만한 누군가가 곁에 있다면 얼마나 좋을까 싶었다. 고등학교를 중퇴하고 배달 생활만 10년 이어온 내 주변에는, 삶에 대한 조언을 구할 만한 사람이 전혀 없었다. 다들 자기 삶을 살아내기만도 벅찬 이들이었다.

높이 오르고 싶었다. 힘들고 어려운 과정쯤이야 얼마든지 이겨낼 자신이 있었다. 길이 있다면, 비록 그 길이 가시밭길이라 할지라도 기꺼이 헤치고 나갈 준비가 되어 있었다. 간절했다. 하지만 방법을 몰랐다. 어떻게 찾아야 하는가. 누구를 만나야 하는가. 어디서부터 시작해야 하는가. 결심은 단단했으나 삶은 캄캄했다. 잡을 수 있는 끈이 아무 데도 없었다.

어느 날 강남역이었다. 그냥 걸었다. 쿵쾅거리는 심장 소리를 들으며, 분명 어딘가 나를 위한 길이 존재할 거라는 확신으로 계속 걷고 또 걸었다. 어느 순간 눈에 뭔가 걸렸다. 스치듯 지나는데, 발걸음이 나도 모르게 뚝 멈춰졌다.

변화를 원한다면 읽어라!《독서 천재가 된 홍 대리》

서점의 옥외 광고물을 보았다.

뭔가에 홀린 듯했다. 강남 교보문고 안으로 들어갔다. 탑처럼 쌓여 있는 책들 사이에서 한 권을 골랐다. 지금껏 책을 한 권도 읽지 않은 내 모습을 발견했다. 두 번째 삶이 시작되는 순간이었다. 터닝 포인트였다. 책을 손에 들었을 때의 그 느낌과 흥분을 아직도 선명히 기억한다. 그 책과의 만남은 잊을 수 없는 만남이다.

집에 도착하기가 무섭게 책을 펼쳤다. 단숨에 읽었다. 믿기지 않았다. 내가 이토록 흥분하고 있다니. 의욕이 넘치기 시작했다.

'그래, 이거야! 읽자. 책을 읽어보자. 책을 읽고 내 인생을 바꿔보자. 무조건 읽자. 무조건!'

다음 날부터 책을 손에서 놓지 않았다. 읽는 속도는 대단히 느렸지만 욕심 부리지 않았다.

'아직은 시작에 불과하니까. 점차 나아지겠지. 조급함도, 욕심도 내려놓자. 더는 물러설 곳도 없고, 추락할 곳도 없고, 잃을 것도 없어. 마음의 여유를 갖고 제대로 읽어보자. 아무리 시간이 오래 걸려도 반드시 해내고야 말겠어.'

수도 없이 결심하면서 한 장씩 읽어갔다. 이해가 되지 않는 부분은 그냥 넘겼다. 가슴에 닿는 문장에는 새까맣게 밑줄을 그었다. 다소 어려운 책은 나중으로 미루고, 내 수준에 맞는 책부터 읽었다. 메모도 하고, 견출지도 붙이고, 소리 내 읊기도 했다. 당장 결과물은 바라지도 않았다. 독서는 충분한 시간과 노력이 필요하다는 사실을 잘 알고 있었다. 시간이 조금 걸리더라도, 삶을 통째로 바꿀 수 있다면, 얼마든지 참고 견뎌낼 수 있었다.

1년쯤 지났다. 300권쯤 읽었다. 독서에 대해 뭔가 감이 잡히기 시작했다. 그러자 내 안에서 뭔가 또 다른 욕망이 출렁이는 걸 느꼈다. 책만 읽는 것보다는 강연을 함께 듣고 싶어졌다. 문제는 돈이었다. 수강료가 생각보다 비쌌다. 터무니없이 비싼 강연도 많았다. 당시 내 수중에 그런 큰돈은 없었다. 하지만 그대로 포기할 수는 없었다. 인터넷을 뒤졌다.

"그래, 바로 이거야!"

국비 지원, 환급 과정

두 개의 카테고리에 꽂혔다. 국비로 지원받을 수 있는 자기계발 강의를 샅샅이 찾았다. 그리고 등록했다. 강사 교육도 듣고, 사설 자격과정에도 참여했다. 나는 그렇게 새로운 삶으로의 첫걸음을 내디뎠다.

기적을 만든
작은 습관

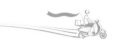

"여보세요! 박현근 강사님이시죠? 저는 OOO입니다. 이번에 새로 개설하신 과정에 등록하려고 하는데요. 어떻게 신청하면 되나요?"

하루에도 수십 번 문의전화를 받는다. 전화뿐만 아니라 개인 문자로, 이메일로, 쉴 새 없이 강의 신청이 오고 있다. 나는 지금 강사로 활동한다. 전국을 다니며 다양한 프로그램과 콘텐츠로 수많은 사람을 대상으로 강연을 펼친다. 불과 5년 전까지만 해도 상상조차 할 수 없었던 일이 현실에서 벌어지고 있다. 가끔은 내가 꿈을 꾸고 있는 것은 아닌지 의심스럽기까지 하다.

고등학교 중퇴 후, 강남 바닥에서 배달통을 들고 다녔던 내가, 온갖 욕설과 폭행으로 자살을 수도 없이 생각했던 내가, 이제는 연봉 1억이 넘는 전국구 강사로 활동하고 있다. 수많은 사람들의 사랑을 한 몸에 받고 있다. 나는 내게 일어난 이 기적 같은 일이 누구에게나 가능하다고 믿는다. 아니, 나 같은 사람이 이 정도라면, 다른 사람은 더 크고 멋지게 변화를 만들어낼 거라 확신한다.

국비 지원으로 강사 교육을 받고, 매일 멈추지 않고 책을 읽은 덕분에 나는 서서히 강의를 해보겠다는 꿈을 품게 되었다. 물론, 처음에는 자신이 없었다. 낯선 사람들 앞에 서는 것조차 두려웠다. 내 마음속에는 고교중퇴 배달부라는 콤플렉스가 크게 자리 잡고 있었기 때문이다.

무슨 일이든 시작이 중요했다. 첫걸음을 떼는 순간 이미 절반은 이룬 것이나 다름없다고 하지 않는가. 스스로 동기부여를 했다. 해낼 수 있다며 스스로를 북돋았다. 첫 강의를 어떤 콘셉트로 잡아야 할까? 중요한 문제였다. 내가 무엇을 줄 수 있을까? 내가 가장 자신 있는 부분은 무엇일까? 고민에 고민을 거듭한 끝에 결정을 내렸다. 그 결정이란 '습관'이었다.

나는 책을 읽겠다는 결심을 하고부터 1년이 넘는 시간 동안 매일 책을 읽었다. 익숙지 않은 독서였지만, 단 하루도 포기하지 않았다. 강연을 찾아 듣고, 배우고, 실천했다. 습관을 들인 것이다. 습관을 통해 과거 내가 살아온 삶과는 전혀 다른 삶을 만든 것이다. 배달부 생활을 청산하고 새로운 변화를 시작한 것은 모두가 습관 덕분이었다. 작은 습관 하나가, 제대로 된 습관 하나가, 내 삶을 뿌리째 바꿔

놓은 것이다.

책을 읽기 시작하면서부터 내게는 또 다른 습관 하나가 생겼다. 그것은 바로 '기록'이다. 처음에는 읽은 내용을 기억하기 위해 기록하기 시작했다. 나중에는 책 한 권을 정리하기도 했다. 일상생활의 스케줄이나 문득 떠오르는 아이디어 등을 꼼꼼하게 기록하기도 했다.

건국대학교 인근 스터디룸을 강의장으로 잡았다. 소모임 앱을 이용해 사람들을 모집했다. 수강료는 몇 천 원, 강의장 비용만 받았다. 3명이 올 때도 있었고, 4명이 올 때도 있었다. 인원에 구애받지 않았다. 함께하는 이들에게 최선을 다해 강의했다. 이것이 내 강의의 시작이다. 돌이켜보면, 초라하기 짝이 없다. 나를 믿고 함께해준 초기 수강생들을 생각하면, 지금도 눈물이 쏟아질 만큼 감사하고 또 감사하다. 어찌 그리도 무모한 시작을 할 수 있었는지, 나 자신조차 이해가 되질 않는다. 그래서 더 강조한다. 세상 모든 시작은 무모한 것이라고. 그 무모한 시작이 삶을 통째로 변화시키는 지각변동의 시작이 될 거라고.

습관에 관한 강의는 제법 인기를 얻었다. 참여한 사람들의 입소문을 통해 점점 규모가 커졌다. 〈습관 코칭 전문〉이라는 타이틀로 블로그 문을 열기도 했다.

누구나 새로운 일을 할 때는 두려움이 앞선다. 하지만 그 두려움 앞에 꼬리를 내린 채 아무것도 하지 않는다면 평생 캄캄한 감옥과 같은 삶에서 살아야 한다. 영웅이 나타나 감옥 문을 열어주기만을 기다리는 처지가 된다. 자신을 가둔 것은 간수가 아니라 그 감옥 문을 열 용기가 없는 자기 자신이다. 고민하지 말고 시작해보자. 그 문은 처음부터 잠겨 있지 않았다는 걸 발견하게 될 것이다.

나에게
배울 사람이
과연 있을까?

《독서 천재가 된 홍 대리》, 그리고 《꿈꾸는 다락방》. 두 권의 책이 시작이었다. 이 두 권의 책을 시작으로 자기계발 세계에 들어서게 되었다. 성공한 많은 사람의 책을 읽다 보니 공통점이 있었다. 독서, 메모(기록), 습관에 대한 중요성이었다.

책이 말했다. 꿈과 목표를 종이 위에 적으라고. 그래서 나는 전국을 다니는 강사가 되겠다고 매일 종이 위에 적었다. 대한민국 지도를 벽에 붙여 놓고, 많은 사람 앞에서 강의하는 모습을 상상했다. 꿈이 이루어졌다. 전국을 다니는 강사가 되었고, 5년 만에 수입이 10배가 되었다. 책을 읽고 실천한 결과였다. 책은 책인 동시에 메모장이다. 책 속에 메모를 많이 했고, 책 속에서 한 가지를 찾아 반드시 실천하기 위해 노력했다.

죽을 만큼 힘든 시간을 독서의 힘으로 견뎠다. 일이 잘 풀리지 않을 때 독서를 했다. 답답하고 힘들 때마다 책을 꺼내 읽었다. 성공한 사람들의 이야기를 통해서, 나보다 더 힘든 상황을 극복한 사람들의 이야기를 통해서, 희망의 메시지를 얻었다. 막연하게 생각되던 것들이 점차 구체화되었다. 그러면서 생각을 실천할 힘이 조금씩 생겨났다.

책을 읽으면 좋다는 사실은 다들 알고 있을 것이다. 그러나 바쁜 일상 탓에 독서는 우선순위에서 밀리기 십상이다. 방법을 배우면 책을 읽는 것도 꽤 재미있다. 나는 독서법을 배우기 위해서만 500만 원 이상을 투자했다.

그 투자로 얻은 결과물을 공유했다. 우선 강의 시간에 나누었다. 지방에 있어서, 육아로 힘들어서, 바쁜 일상 때문에 오프라인 수업에 참여하기 힘든 분들을 위해서는 핵심 내용만 뽑아 온라인 과정 영상을 만들었다. 많은 분이 참여할 수 있도록 프로젝트도 수립했다. 독서를 통해 변화하고 성장할 수 있다는 나의 경험을 나누기 위함이다.

더 나은 모습으로 살아가고 싶었다. 하지만 그것이 어떤 모습인지 막연하기만 했다. 막연함 속에서 책을 읽었다. 그러자 '내가 책을 통해서 얻은 지식을 사람들에게 나눠주고 싶은 마음'이 생겼다. 그것을 나누는 모습이 '더 나은 모습'이라는 생각이 들었다.

'나에게 배울 사람이 과연 있을까?'

처음에는 이 의문으로 인해 망설였다. 그래도 사람들에게 전하는 날을 생각하며, 책에서 배운 내용으로 프레젠테이션 자료를 조금씩 만들어가기 시작했다. 자기계발, 리더십, 시간 관리, 습관 등 이런 주제에 대해 생각할수록 자꾸만 마음속에 불꽃이 일어나는 것 같았다. 가슴이 설렌다. 자기계발, 리더십, 시간 관리, 습관에 대한 주제로 하는 강의와 세미나를 찾아다니기 시작했다. 현직 강사로 뛰고 있는 지인을 찾아가 책도 추천받고, 강의를 추천받아 듣기도 하고, 관련 자료를 얻기도 했다. 관심을 가지고 몰입하다 보니 전하고 싶은 내용이 점점 구체화되었다.

처음에는 여러 분야의 책을 읽다가 차츰 한 분야로 집중했다. 넓은 지식보다는 깊은 지식을 갖고 싶었다. 나의 목표를 핸드폰 화면에 기록하고, 항상 볼 수 있는 거울에 붙여도 놓고, 아침저녁으로 읽었다. 내가 되고자 바라는 강사의 모습도 종이 위에 써서 붙였다. 좋은 글귀들을 뽑아 스크랩하고 벽에 붙였다.

강의하기 위해서는 발성이 좋아야 한다는 내용을 읽고 뒷산에 올라 발성 연습도 했다. 마이크 잡는 연습을 하기 위해서 전신 거울을 사고, 마이크를 구입해 바르게 잡는 연습을 매일 했다. 강사가 되어 강의하는 모습을 생생하게 꿈꾸며 노력을 멈추지 않았다.

어떤 일이든, 일이 잘 풀리지 않을 때 나는 독서를 했다. 무엇부터 시작해야 할지, 어떻게 해야 할지 모를 때 가장 큰 도움이 되었던 것은 바로 독서였다. 독서를 하면 내가 지금 당장 해야 할 일이 무엇인지, 앞으로 무엇을 해야 할 것인지 똑똑히 알 수 있었다.

본래 나는 책을 좋아하거나 독서의 중요성을 알고 있던 사람은 아니었다. 나는 굉장히 부정적인 사람이었다. 안 돼, 못 해, 아파, 짜증나, 싫어, 힘들어……. 불평과 불만을 입에 달고 살았다. 그런 내가 독서를 통해 생각이 달라지고, 의식이 확장되고, 마음가짐도 바뀌게 되었다.

책을 통해 변화와 성장을 이룬 많은 이들의 삶을 보고 들었다. 나보다 더 큰 고난을 겪은 수많은 사람들의 삶을 보면서 지금 내가 처한 힘들고 어려운 상황은 잊게 되었다. 내 삶을 바꾸고 싶다는 마음 절실했다. 성공자들이 그랬던 것처럼, 원하는 바를 종이에 기록하고, 외쳤다. 당장 돈이 없고, 시간이 없고, 환경이 안 되지만, 간절히 원하는 바가 이루어진 모습을 상상했다.

정말 기적처럼 요즘 많은 일들이 내 삶 가운데 일어나고 있다. 책을 쓰기 시작했고, 대학 근처에도 못 가 본 학력으로 교수들을 가르치고 있다. 모두 책을 읽은 덕분이다. 하지만 아직 많이 부족하다. 한 가지 바람이 있다면, 다른 사람의 성공을 돕는 코치가 되고 싶다. 다른 사람의 성공을 돕기 위해서는 내가 가득 차야 한다고 믿는다. 더 부단히 노력하고 공부하고 있다.

나를 위한
찐한 시간

돌이켜보면, 내 삶에 대해 만족하지 않았기 때문에 미친 듯이 독서를 했던 것 같다. 나는 절실했다. 절실하지 않았다면 그렇게 많은 책을 읽고, 수천만 원을 들여가면서 강의들을 찾아다니지 않았을 것이다. 지금은 고등학교를 그만둔 과거의 선택을 후회하지 않는다. 평범하게 고등학교 졸업하고, 대학 졸업하고, 취업했다면, 지금처럼 치열하게 살기 위해 노력하지는 않았을지도 모른다.

일생에서 한 번 무엇이든 독하게 해본 사람은 자신을 언제든지 변화시킬 힘을 갖게 된다. 자신의 성장을 위해 단 한 번이라도 찐한 시간을 보낸 사람은 우선 어느 때고 목표를 향해 꾸준히 달릴 힘을 내면에 쌓게 된다.

－《나는 매일 책을 읽기로 했다》, 김범준.

내 삶의 성장을 위해 찐한 시간을 보내왔던가. 《나는 매일 책을 읽기로 했다》를 읽고 가장 치열하게 내 삶을 보냈던 시간은 언제였는지 돌이켜보았다. 가장 힘들었던 시간에 가장 치열하게 노력했던 것 같다. 그 시간이 가장 성장했던 시간이었음은 말할 필요도 없다.

지금은 어학 공부를 하며 찐한 시간을 보내고 있다. 더럽고 치사해서, 가방끈 짧아 무시당했던 그 시절의 내가 측은해서 더 큰 꿈을 향해 노력하는 중이다. 영어와 중국어를 배운다. 배달부 박현근이 강사 박현근이 되었을 때처럼, 지금의 찐한 시간을 통해서 외국어 장벽을 넘고 싶다. 대한민국에서만 강의하라는 법 없다. 세계적인 강사, 내가 되지 말란 법도 없다.

작은 습관들이 모여 큰 성과를 만들어낸다. 꾸준한 글쓰기가 책이라는 결과물로 나오듯이. 큰일은 중요시하는 반면 사소한 일들을 무시하는 경우가 잦다. 그런데 삶에서 만나게 되는 커다란 문제들은 항상 작고 사소한 일로부터 비롯된다. 《디테일의 힘》이라는 책에서는 작은 디테일의 힘이 얼마나 중요한지 자세하게 설명하고 있다. 스티브 잡스도 점들의 연결이 얼마나 중요한지 강조했다. 작은 점들의 연결을 통해 선이 만들어진다. 지금의 작은 경험들이 어쩌면 삶을 성장시키고 변화시키는 큰 결실로 이어질지도 모른다는 생각으로 매 순간 최선을 다하고 있다.

어떤 일을 하든지 작은 개선점을 찾으려 한다. 매일 기록하고, 조금씩 수정한다. 나의 좋은 습관이다. 처음 강의를 시작했던 때가 생각난다. 강의 자료는 A4 용지 한 장이 전부였다. 지금은 파워포인트로 만든 150페이지 이상의 자료를 갖고 있다. 계속 강의를 하면서 사례를 추가하고, 관련 이미지를 첨부하고, 관련 책들을 읽고 내용을 불려나간 결과이다. 강의를 더 잘하고 싶다는 명확한 목표가 있었기 때문에 가능한 일이었다.

그 목표를 늘 새기고 있으니 어떤 정보를 보게 되면 나의 강의에 접목해서 활용할 수 있겠다는 생각이 즉각 떠올랐다. 그런 내용을 '에버노트'에 기록하고, 사진 찍어 첨부하고, 기사를 스크랩해서 모아 나갔다. 작은 메모들이, 이제는 1만 3천 개 이상의 노트로 변해 내 손에 있다. 손으로 기록한 메모지도 100여 개의 바인더로 정리되어 있다. 기록을 멈추지 않는다. 여전히 수정하고 보완하고, 끊임없이 개선해나가는 중이다. 참고로 에버노트란 모바일과 컴퓨터와 연동이 되는 메모앱이다.

성공한 사람들의 또 한 가지 공통적 특징은 바로 끊임없이 배운다는 사실이다. 요즘은 70세, 80세가 넘은 어르신들도 끊임없이 배우기 위해서 노력하는 모습을 흔히 볼 수 있다. 평생학습의 시대다. 고등학교, 대학교까지의 공부로만 평생을 살아가기에는 어려움이 있다. 100세, 120세 시대가 머지않았다. 인생의 후반전을 위해서라도 지금부터 공부하는 것이 중요하다. "늦었다고 생각할 때가 가장 빠르다"라는 말은 공부에 딱 들어맞는다고 본다. 늦었다는 생각이 들면 좋아하는 분야, 관심 있는 분야부터 찾기를 바란다. 그리고 그 분야에 관한 책을 읽고, 강의를 찾아다니고, 관련 영상을 찾아보고, 경험하기를 바란다. 끊임없이 배우고 노력하는 태도가 삶에서 꼭 필요하다고 생각한다.

본인이 무엇을 좋아하는지, 무엇을 해야 하는지 잘 모르겠다면, 시작은 독서다! 나의 경우처럼, 독서에서 답과 길을 찾을 수 있다. 세상에서 가장 쉽고, 돈 안 들고, 시간과 장소의 구애를 받지 않는 일이 책 읽기다. 치열하게 사는 사람은 많다. 하지만 치열하게 책 읽는 사람은 드물다. 성공에 성큼 다가서기 위해서는 독서만 한 게 없다. 적어도 나는 그랬다.

자기계발, 나는 절실했다

대학교 연구원으로 일하던 지인이 있었다. 나보다 세 살 많은 선배였다. 선배는 후배인 내가 어떤 말을 할 때 좋은 내용이라고 생각되면 포스트잇을 꺼내 즉시 적었다. 선배의 책상 위에는 끼적거린 포스트잇이 수북이 쌓여 있었다. 온갖 성격의 메모 중에는 매일 시간대별로 해야 할 일을 적은 것들도 있었다. 몇 시에 어떤 일을 하는지 전부 기록해서 모아두는 모습이 신기하고 놀라웠다.

사실 나도 오래전부터 메모하는 습관을 갖고 있었다. 머리가 좋다고 생각한 적 없기에 종이 위에 모든 것을 기록했다. 강남에서 퀵서비스를 할 때, 무전으로 배송지 주소를 확인하고 작은 수첩에 기록했다. 기록한 내용을 강남구 지도 위에 표시하고 따로 정리했다. '○○번지 A상가는 ○○건물에서 몇 번째 골목을 지나 몇 번째 집'이라는 식으로 도표 정리를 했다. 기록을 쌓아가면서 거래처들을 더 빨리 찾아갈 수 있었다. 덕분에 얻은 소중한 틈새 시간에는 공부에 몰두할 수 있었다.

　나는 배달하면서 늘 한쪽 귀에 이어폰을 꽂고 다녔다. 오디오나 MP3 등을 통해 성공한 사람들의 강연을 들었다. 그렇게 시간을 절약할 수 있었다. 지금 모습으로 평생을 살고 싶지 않다는 결단의 날 이후로 나는 시간을 단축하는 방법에 대해 계속 고민하고 연구했다. 시간 관리에 관한 책을 읽고, 강연을 찾아다녔다. 무엇보다 소중한 것이 '시간'이라는 생각이 들었기 때문이다. 책에 쓰인 좋은 글들을 수첩에 적어 지니고 다녔다. 엘리베이터를 기다리는 동안에는 그 수첩을 꺼내 좋은 글과 메모를 외우곤 했다. 신호등이 바뀌기를 기다릴 때도 여지없이 수첩을 손에 들었다. 좋은 글을 소리 내 읽으면서 나만의 언어로 표현하는 훈련도 했다. 강사의 꿈을 이루겠다는 절실한 마음이 가득했기 때문이다. 꿈을 이루는 데 시간은 무엇보다 중요했다.

　책을 읽을 때도 책장 빈 공간에 빼곡하게 내 생각을 적었다. 책 속에서 얻은 아이디어들도 열심히 기록했다. 아이디어들을 기록한 것에 그치지 않고, 기록한 아이디어들을 실행하기 위해서 노력했다. 부족한 기술이 있으면 강의를 찾아다니면서 배웠다. 변화와 성장을 위해서 시간과 비용을 투자한 것이다. 이유는 단 한 가지였다. 이대로 평생 살 수는 없다는 강렬한 욕망! 명확한 목표를 종이 위에 기록하고, 그것을 이루기 위해 노력하면 그 목표는 반드시 현실이 된다.

　나에 대한 고민을 본격적으로 하기 시작한 것은 스물아홉 살 때였다. 열아홉 살에 학교를 그만둘 때는 1년만 돈을 벌어 대학에 가자 마음먹었지만, 결국 10년이란 시간이 지날 때까지 배달과 청소를 하면서 꿈도 목표도 잃은 채 살았다. 이대로 서른을 맞이하고 싶지는 않았다. 하지만 막막하고 두렵기만 했다. 변화를 위해서, 앞날을 위해서 지금 당장 무엇부터 해야 할지 알 수 없었다. 자기계발이 절실했다.

　책을 읽기 시작하면서 스스로에게 질문하기 시작했다.

　'나는 무엇을 좋아하지?'

　'나는 어떤 것을 잘하지?'

　'나는 사람들에게 무엇을 제공할 수 있을까? 내가 사람들에게 나눠줄 수 있는 것은 어떤 것일까?'

　학창시절에도 내가 알고 있는 것을 다른 사람에게 설명해주는 것을 좋아했었다. 특히 수학 문제 풀기를 어려워하는 친구들에게 하나씩 설명을 해주는 것이 좋았다. 이런 공식으로, 이런 풀기 순서로 답을 찾을 수 있다고 친구들에게 알려주면서 희열을 느꼈다. 나는 수학을 잘했다. 공식대로 풀면 정확한 답이 나오는 수학의 특성이 매력적이었다.

　책을 읽으면서, 강의를 들으면서 나도 강의를 하고 싶다는 꿈이 생겼다. 다른 사람에게 설명하는 것을 좋아하는 내게 강사는 알맞은 직업으로 느껴졌다. 꿈을 키웠다. 고교중퇴 배달부였지만 전국을 다니면서 많은 사람에게 존경받는 강사가 되기를 바랐다. 큼지막한 우드록 보드를 샀다. 거기에 강의하는 사진, 대한민국 지도, 크고 넓은 강의장 사진을 구해다가 하나씩 붙이고 매일 바라봤다. 시각화에 대한 중요성을 많은 책에서 언급하고 있었기에 나도 죽기 살기로 따라 했다. 그러는 사이 습관의 중요성을 깨닫게 되었다.

'그래, 맞아! 습관이라는 주제로 강의를 해보면 좋겠다!'

평일에는 배달 아르바이트를 하고, 주말에는 습관에 관한 책과 자료를 찾아 연구했다. 그리고 카페의 공간이나 작은 스터디 룸을 빌렸다. 그곳에서 1~2만 원을 받고 강의를 시작했다. 일대일로 3시간 강의를 했다. 에버노트와 바인더라는 도구를 알게 되면서 '디지털 기록습관', '아날로그 기록습관'에 대해 강의를 하기 시작했다. 현재 나의 상황에서 가능한 작은 일부터 하나씩 진행한 것이다. 블로그에도 글을 썼다. 더 열심히 책을 읽고 더 알차게 강의 콘텐츠를 만들었다. 카페와 스터디 룸을 벗어나 작은 강의장을 빌려 강의를 하는 수준까지 발전했다. 그렇게 강의 경험을 스스로 만들어 나갔다. 스스로 자기계발을 실현했다.

나는 자기계발을 이렇게 정의한다.

'내가 원하는 이상적인 모습과 현재 내 모습 사이의 간극을 줄여 나가기 위해 배우는 모든 활동'

변화와 성장을 위해 내가 실천한 자기계발의 단계를 정리해본다.

1단계: 내가 원하는 이상적인 모습을 종이에 작성한다.

2단계: 현재 나의 모습을 작성한다.

3단계: 내가 원하는 이상적인 모습과 현재 나의 모습의 차이를 발견한다.

4단계: 그 차이를 줄여나가는 방법들에 대해서 작성해보고, 하나 씩 실천한다.

인생을 바꾼
'책, 말, 강, 모'

시급 6,000원 배달부에서 연봉 1억 강사가 될 수 있었던 비결이 있다. 바로 '책, 말, 강, 모'이다.

책, 말, 강, 모

1. **책**: 책 읽기. 나의 사고를 바꾸는 방법

2. **말**: 말 바꾸기. 말이 바뀌면 인생이 바뀐다

3. **강**: 강의 참석하기. 최고에게 직접 배우기

4. **모**: 모임 만들기. 실천하지 않는 지식은 쓰레기

첫 번째 비결은 책 읽기이다.

독서를 통해 부정적인 사고를 긍정적으로 전환할 수 있다. 성공자들의 생각 패턴을 가져올 수 있다. 저렴한 비용으로 최대의 효율을 낼 수 있는 것은 독서밖에 없다고 생각한다. 독서가 최고다!

배달하면서 고된 날들도 많았지만, 출근 시간 이전과 퇴근 시간 이후에는 꼭 도서관이나 서점에 가서 책을 읽었다. 쉬는 시간에도 스마트폰으로 전자책을 읽었다. 현재의 삶에 만족하지 않고, 더 나은 내일을 살고 싶었다. 간절했다. 읽다가 죽자는 심정으로 책을 파고들었다.

책을 파고들자 나도 할 수 있겠다는 자신감이 생겨났다. 자기계발 강사가 되고 싶다는 꿈이 점점 구체화되고 현실처럼 느껴졌다. 실패가 정말로 성공의 씨앗임을 인식하기 시작했다. 벽을 벽으로 바라보지 않고 벽을 넘는 꽃이 된 사람들을 책으로 만났다. 그들에게 배웠다. 현실에 주저앉지 않고 꿈과 목표를 향해 강렬히 살아가는 사람들이 책을 통해 내게로 왔다. 그들이 내게 힘을 주었다.

두 번째 비결은 말 바꾸기이다.

말이 바뀌면 인생이 바뀐다. 힘들고 어렵더라도 투덜거리는 것은 별 도움이 안 된다. "더 좋은 일이 있으려나 보다"하며 긍정적이고 낙천적인 말을 하는 것이 좋다. 식상한 이야기일지 모르지만, 사실 긍정적인 한마디가 가진 힘은 엄청날 정도로 강력하다. 긍정적인 말은 살 수 있는 힘과 되살아날 수 있는 힘을 준다. 그 반대급부로 부정적인 말의 힘도 세다. 부정적인 말을 하는 순간 그 영향력은 누룩처럼 퍼져나간다. 주위 사람들까지 부정적으로 만들게 된다.

성공자들은 자신의 꿈과 목표를 종이에 적고, 그것을 외친 사람들이다. 긍정의 말을 부르짖은 사람들이다. 스스로 안 된다고 포기하기 전에 "해보기나 했어?" 하고 냉정하게 물어보자. 그리고 긍정적으로 대답하자.

나는 스스로에게 늘 이렇게 말한다.

"나는 될 수밖에 없다! 될 때까지 할 거니까!"

세 번째 비결은 강의 참석하기이다.

책만 파고들었던 나는 각종 자기계발 강의를 찾아다니며 듣기 시작했다. 국가에서 청년들에게 지원하는 '내일배움카드'라는 제도를 통해 강사 양성 과정까지 수료할 수 있었다. 찾으면 반드시 길이 있다. 한 달에 100만 원도 벌기 힘든 배달부에서 지금은 내가 좋아하는 강사가 되어 더 많은 돈을 벌고 있다. 감사할 일이다.

이왕이면 최고에게 배우는 것이 좋다. 적게는 수십만 원, 많게는 수백만 원이 들기도 하지만 투자하면 반드시 그 이상의 것을 얻을 수 있다. 나는 작년 한 해 동안 자기계발 비용으로 1천만 원을 넘게 투자했다. 투자한 만큼, 아니 그 이상의 것을 얻을 수 있었다. 최고의 강사 덕분이다.

마지막 네 번째 비결은 모임 만들기이다.

본인이 알고 있는 지식을 다른 사람에게 가르쳐보면 95%가 남는다는 말이 있다. 남을 가르치면서 자신도 배우게 되는 것이다. 그러므로 자신이 알고 있는 것을 '내 것'으로만 가지고 있지 말고 같이 나누기를 바란다.

나눔을 위해서는 더불어 실천할 수 있고 서로 응원할 수 있는 모임이 안성맞춤이다. 뜻 맞는 사람들끼리 모임을 만들어보면 좋다. 나는 2011년부터 매주 모임을 운영했다. 지금도 매주 일요일 저녁 강남에서 독서포럼 '서리풀 나비'를 열어 사람들과 지식과 생각을 나누고 있다.

책을 읽다 보니 사람들에게 전하고 싶은 것이 많아졌다. 그 내용을 모아 강의 자료를 만들어 미니 특강을 진행했다. 소모임이라는 앱을 통해 사람들에게 습관을 주제로 강의를 시작했다. 더 좋은 정보를 제공하기 위해 더 열심히 책을 읽고 공부했다. 읽고, 강의 듣고, 전하고……. 반복되지만 가치 있는 삶이었다. 나는 성장의 발판을 스스로 마련할 수 있었다.

그냥 책만 읽고 그치지 않았다. 반드시 실천했다. 작은 내용 하나라도 놓치려 하지 않았다. 《실행이 답이다》라는 책에서는, 실천하지 않는 지식을 '쓰레기'라고 했다. 나는 혼신을 다해 얻은 지식과 경험을 쓰레기로 만들고 싶지 않았다. 나눔도 그 실천의 일환이었다.

모임을 만들어 운영하다 보니 좋은 사람들을 많이 만나게 되었다. 그들 덕분에 나도 한 단계 더 성장할 수 있었다. 5년 정도 꾸준하게 모임을 운영하고 있다. 그동안 어려움도 많았지만, 독서 덕분에, 또 함께하는 사람들 덕분에 잘 극복하며 난관을 헤쳐왔던 것 같다.

2011년 부터 모임을 시작하기 시작하고
소모임을 통해 강의를 시작했다.
책을 읽고 같이 함께 성장하고 싶은 사람들까지 모임을
만들었고, 현실에 주저앉지 않고 꿈과 목표를 향해 강렬히
살아가는 사람들의 만남들은 서로에게 힘을 주었다.

책을 읽으면 "밥이 나오냐 돈이 나오냐" 딴죽을 거는 사람도 적지 않다. 당장 눈앞에 뚝 떨어지는 돈이나 밥은 없다. 하지만 지속해서 책을 읽고 실천하기 위해 노력하면 '먹고살 길'이 열린다고 확신한다. 그 길은 가치 있고, 보람 있고, 아름다운 길이다.

고등학교를 자퇴하고 무려 10년 동안 꿈도 비전도 없이 살았던 내가 지금은 다양한 분야의 자기계발 강사로 살고 있다. 먹고사는 문제를 해결했고, 기회가 닿을 때마다 해외여행도 다니면서 삶도 누린다. 내 삶이 180도 바뀌게 된 것은 모두 책 덕분이다. 이제는 독자에서 저자로 한 걸음 더 나아가려 한다. 내 경험이, 내 글이, 오늘을 힘겹게 살고 있는 또 다른 '박현근'에게 큰 힘이 될 수 있기를 바라는 마음이 간절하다.

나,
성공의 일등공신

고등학교 중퇴하고 오토바이를 타며 배달을 하던 사람이 1억 연봉의 강사가 되었다. 나의 성장 과정을 돌이켜본다. 참 많은 일이 있었다. 물론 그 덕에 이렇게 책을 쓰기도 한다. 감개무량이란 건 이럴 때 쓸 수 있는 표현인가?

많은 사람들이 나에게 묻는다. 어떻게 이렇게 성공적인 삶을 살 수 있냐고 말이다. 나의 성장에 제일 큰 도움이 된 것은 다름 아닌 마인드 컨트롤이었다. 사람의 성장을 가로막는 것은 다름 아닌 자신의 마음이다. 스스로 한계를 설정해놓고, "나는 원래 그런 사람이니까", "나는 원래 그래 왔으니까" 하면서 주저앉는 사람이 많다. 더 많이 벌 수 있고, 더 많이 배울 수 있고, 더 많이 성장할 수 있는데도 말이다.

나도 처음에는 스스로 한계를 긋기도 했었다.

'나는 원래 내성적인 성격인데, 사람들 앞에서 강의할 수 있을

까?'

다행히 스스로 이 한계를 깼다. 강의를 하고 싶다는 열망이 한계를 뛰어넘은 것이다. 나는 뛰어넘으려고 부단히 노력했다. 마이크와 전신 거울을 사서 마이크 잡는 연습을 했다. 산에 올라가서, 다리에 올라가서 소리를 질렀다. 그렇게 더 담대해졌다.

마인드 컨트롤을 할 수 있는 힘을 준 것은 무엇보다 독서였다. '나는 못 해', '나는 안 돼'라는 생각이 책을 읽으면서 '나는 할 수 있어', '나도 될 거야'라는 마음으로 바뀌었다. 포기하고 싶은 마음은 도전 정신으로 탈바꿈했다.

고등학교 중퇴를 한 내가 이렇게 말하는 게 참 아이러니하지만, 가장 확실한 자기 투자는 공부이다. 전쟁과도 같은 현실에서 살아가기 위해서 우리는 끊임없이 공부해야 한다. 나 역시 쉴 새 없이 공부하고 있다. 1인 기업가로 살아가려면 모든 것을 혼자 선택하고, 혼자 결정해야 한다. 바른 선택을 하기 위해서, 옳은 결정을 하기 위해서 나는 끊임없이 배우고 공부한다. 결국은 내가 선택한 길이고, 내가 들어선 길이다. 그 길에서 넘어지지 않으려면 책에서 손을 놓을 수 없다. 강의실에 발을 들여놓지 않을 수 없다.

사실 조금 쉬운 길을 갈 수도 있었다. 어떤 조직에 속해서 선배들에게 배우면서 성장하는 길을 선택할 수도 있었다. 하지만 더 힘든 길을 가고 싶었다. 더 고생하더라도 혼자 힘으로 부딪치면서 배우고 싶은 마음이 더 컸다. 그래서 1인 기업가인 강사의 길을 택한 것이다. 여전히 나는 혼자다. 내가 필요한 강의들을 찾아다니면서 듣고, 업무에 바로바로 적용을 해보고 있다.

'지금의 조건에서 시작하는 힘'이란 말을 좋아한다. 지금의 조건에서 더 나은 미래를 바라볼 수도, 변함없는 현재에 주저앉을 수도 있다. 과거에 묶일 수도 있다. 모두 자신의 선택이며 자신의 책임이다. 자신의 주인은 자신이다. 자신의 몸과 생각 또한 자신의 것이다.

어느덧 강사의 길에 접어든 지 7년이 지났다. 그러나 아직도 많은 것을 배우고, 깨닫고, 성장하는 중이다. 나의 주인은 나이기에, 나를 책임져야 하기에 게으름 부릴 새가 없다. 오늘도 나는 쉬지 않고 달린다. 할 수 있다는 자신감과 희망을 품고 나아간다. 내 생각의 틀을 깨면서 성장한다.

자신의 한계를 스스로 결정하지 말기 바란다. '나'를 가로막는 것은 '나'이다.

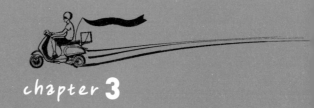

chapter **3**

메신저의
삶

메신저란
무엇인가

브랜든 버처드의 《백만장자 메신저》에 소개된 바에 따르면, 메신저란 자신의 경험과 지식을 다른 이들에게 전달하고 그 대가를 받는 사람이다. 좋은 부모 되는 법, 직장에서 성공하는 법 등 다양한 주제에 대한 실질적인 조언을 해주는 사람을 메신저라 부른다.

나는 누구나 백만장자 메신저가 될 수 있다고 생각한다. 메신저는 자신이 알고 있는 정보를 콘텐츠화에서 사람들에게 나눠주는데, 이 콘텐츠가 성공하면 백만장자 명단에 이름을 올릴 수 있다.

백만장자 메신저가 되려면 먼저 자신이 어떤 유형의 메신저인가에 관해 고민해야 한다. 다음의 3가지 종류의 메신저에 대해 살펴보면서 메신저의 의미를 좀 더 깊이 살펴보도록 하겠다.

1. 성과 기반 메신저: 이제까지 살면서 특별하게 성취한 것은 무엇인가?

한 분야에서 성과를 낸 사람은 성과 기반 메신저가 되어서 활동할 수 있다. 예를 들면, 부동산 경매 분야에서 성과를 낸 사람들은 그에 관한 책을 쓰거나 강의를 한다. 자녀가 명문대학에 진학한 사례를 통해 자녀 양육에 관한 콘텐츠를 만드는 것도 메신저 활동이다. 어떤 분야에서 성공한 사람은 누구나 그 분야의 메신저가 될 수 있다.

2. 연구 기반 메신저: 무엇에 관심을 두고 공부해 왔는가?

연구 기반 메신저의 대표적인 인물로는 나폴레온 힐을 꼽을 수 있다. 기자 출신의 나폴레온 힐은 20년 동안 성공한 사람들에 관해 연구했다. 일생 동안의 연구와 강연, 저술활동을 통해서 미국을 비롯해 전세계적으로 성공철학의 거장이 되었다. 특히 개인의 성취와 동기부여 분야에 있어서 위대한 업적을 남겼다. 그가 성공철학의 대가가 되기까지는 앤드류 카네기, 토머스 에디슨 같은 세계 최대 거부들의 경험이 스승이 되었다. 성공을 위한 실천 프로그램 PMA Positive Mental Attitude를 완성하여 보급하였으며, 생을 마친 후에는 '나폴레온 힐 재단'에서 그의 연구 결과와 저술서를 중심으로 보다 많은 사람들에게 성공철학과 실천 프로그램을 보급하고 있다.

오늘도 나는 쉬지 않고 책을 읽고, 글을 쓴다.

나처럼 눈물 나게 살아온 사람들에게,

좌절하고 고통받는 사람들에게

내가 도움이 될 수 있다는 사실을 알게 되었기 때문이다.

그래서 더 열심히 노력해서 좋은 메신저가 되고자 한다.

이 결심이 흔들리지 않도록

결실을 만드는 일에 최선을 다하고 있다.

3. 롤모델형 메신저: 존경받을 만한 삶을 살고 있는가?

사람들은 자신이 신뢰하고 존경하고 따르는 사람, 즉 롤모델의 말에 귀를 기울인다. 대부분의 사람들이 롤모델의 조언을 따른다고 한다. 롤모델이 반드시 전문가인 것은 아니다. 그러므로 누구나 누군가의 롤모델이 될 수 있다. 롤모델의 자격은 존경받을 만한 삶을 사는 것이다. 롤모델이 된 사람은 좋은 메신저로 자리매김하기에 매우 유리하다.

자신이 어떤 롤모델이 될 수 있는지 알고 싶다면 아래의 질문을 스스로에게 던져보자.

1. 사람들이 나를 존경할 만한 이유가 있다면 그것은 무엇인가?
2. 좋은 인생을 살기 위해 내가 지켜온 원칙은 무엇인가?
3. 내 인생의 여정에서 사람들이 발견해줄 만한 '좋은 일'은 무엇인가?
4. 나를 좋은 사람으로 만들어주는 나의 장점은 무엇인가?

오늘도 나는 쉬지 않고 책을 읽고, 글을 쓴다. 나처럼 눈물 나게 살아온 사람들에게, 좌절하고 고통받는 사람들에게 내가 도움이 될 수 있다는 사실을 알게 되었기 때문이다. 그래서 더 열심히 노력해서 좋은 메신저가 되고자 한다. 이 결심이 흔들리지 않도록 결실을 만드는 일에 최선을 다하고 있다. 누군가에게는 내 삶이 도움이 되리라는 생각을 하며 나와의 싸움을 끊임없이 벌이고 있다. 인내와 끊임없는 노력은 나의 장점이다. 이 장점을 살려 희망의 메신저가 되기를 꿈꾼다.

될 수밖에
없는 방법

내가 알고 있는 것을 사람들에게 나눠주고 싶은 마음에 카페에서 일대일 강의를 시작했다. 3시간 강의에 1만 원을 받았지만 커피는 내가 샀다. 평일에는 배달을, 주말에는 강의를 했다. 직업 강사가 되고 싶었지만 일정한 수입이 지속되지 않아 투잡, 쓰리잡을 하면서 강사를 준비했다. 출근 시간 전, 점심시간, 퇴근 시간 이후에는 항상 책을 읽었다. 이동 시간에도 늘 책을 집어 들었다. 한 명이 오든, 두 명이 오든 중요한 게 아니라고 생각하며 최선을 다해 강의했다. 매주 빠짐없이 강의를 하면서 나 역시 다른 사람의 강의를 찾아다녔다. 미친 듯이 강의를 배웠다.

아무리 좋은 콘텐츠가 있어도 사람들에게 알리지 않으면 소용없다는 생각에 본격적으로 마케팅 공부를 시작했다. 마케팅 차원에서 블로그에 글을 쓰고 영상을 찍어서 유튜브에 올렸다. 용기가 필요한 일이었다. 강의를 들어보지도 않은 사람들이 비난의 댓글을 남기기도 했다. 그래도 묵묵히 나의 길을 걸었다. 한 분, 한 분을 위해 진솔하게 강의했다. 끊임없이 피드백도 했다. 그렇게 노력하다 보니 어느 정도 팬들도 생기기 시작했고, 그분들이 내가 하는 강의를 다른 사람에게 소개해주기도 했다.

배우는 데 몇 백만 원, 몇 천만 원을 투자해도 정작 수익을 제대로 내지 못하는 분들을 위해서 백만장자 메신저 과정을 만들기로 마음먹었다. 읽고, 듣고, 말하고, 쓰는 4주 과정으로 콘텐츠를 만들고 온라인을 통해서 강의를 했다. 나의 경험과 지식이 다른 사람의 수익으로 이어질 수 있다는 희망으로 강의를 이어나갔다.

어떤 사람들은 안 되는 이유를 찾으면서 안 된다는 이야기만 한다. 반대로 되는 사람들은 될 수밖에 없는 방법들을 찾으면서 살아간다. 여기 '되는 방법' 3가지를 소개해본다.

첫 번째 방법은 유튜브를 통해서 학습하기이다.

강의를 하려고 마음먹었을 때 강의 주제에 관한 영상을 유튜브에서 모조리 찾아서 봤다. 나는 사람들에게 나의 대학은 유튜브라고 이야기한다. 내가 관심 있는 주제는 유튜브에서 다 공부할 수 있다. 유튜브 영상을 보고 들을 때에도 실제 공부할 때처럼 필기를 한다. 중요한 점, 내가 할 수 있는 점, 하기 어려운 등을 정리한다. 내가 할 수 있는 점은 따로 표기한 뒤 나만의 강의 교재를 만들어보기

강의 준비 캐리어와 사무실 준비 현황.
좋은 콘텐츠를 사람에게 알리고
그것을 정확히 필요한 이유를 알게 하기 위해선
많은 준비와 노력이 필요하다.

도 한다.

　가장 좋은 학습 방법은 다른 사람에게 설명해보는 것이다. 나는 내 손으로 만든 나만의 강의 교재로 기회가 되는 대로 사람들에게 설명을 했다. 설명하는 것을 좋아해서 만나는 사람마다 좋은 정보를 알렸다. 에버노트 강의를 처음 시작했을 때는 사람들을 만날 때마다 앱을 설치해주었다. 사용하는 방법을 알려주다 보니, 에버노트 강사가 되었다. 급기야 전국을 다니면서 에버노트 강의를 하게 되었다.

　두 번째 방법은 책을 통해서 학습하기이다.

　관심 있는 주제에 관한 책들을 모두 읽는다. 나는 내가 관심 있는 분야에 관한 책들을 모두 구매한다. 보통 처음에는 10권 정도를 구비한다. 그리고 파고든다. 한 분야의 책들을 여러 권 읽다 보면, 공통으로 이야기하는 부분이 나온다. 그것이 그 분야에서 성공할 수 있는 열쇠와도 같은 것이다. 한 분야의 책을 10권에서 100권 정도 깊이 있게 읽는 전략독서를 하는 것이 좋다.

　나는 책을 읽을 때도 유튜브 영상을 볼 때와 마찬가지로 반드시 메모한다. 노트에 따로 필기하는 것보다는 책에 바로 메모하는 것을 선호한다. 다음에 다시 책을 펼쳤을 때, 그 부분과 관련된 내용을 바로 찾아볼 수 있어서 좋다. 책의 여백에 메모하고, 책의 중요한 부분에 별표를 하고, 밑줄을 긋고, 책을 사정없이 접어가면서 책을 읽는다. 책을 나만의 책으로 만드는 작업이다. 책에 표시를 많이 할수록 기억에 남는 것이 많다. 손뇌라는 말이 있다. 손을 많이 사용하면서 독서를 하게 되면, 독서의 효과는 배가된다.

요즘 나는 영어 공부도 조금씩 하고 있다. 자기계발 분야에 관한 책들을 깊이 있게 공부하다 보니 원서를 읽고 싶다는 욕심이 생기게 되었다. 원서를 읽어야 할 필요성도 느꼈다. 결국 꿈이 하나 더 생겼다. 원서를 읽고, 영어로 강의하는 꿈이다.

마지막 세 번째 방법은 같은 강의를 반복해서 듣기이다.

나는 재수강을 좋아한다. 처음에 들었을 때 놓쳤던 부분을 두 번째, 세 번째에는 더 정확하게 이해할 수 있기 때문이다. 그래서 같은 강의를 반복해서 듣는다. 5번에서 10번 이상 들은 강의들도 있다. 강의를 들을 때는 내가 현장에서 적용할 수 있는 부분을 집중해서 듣고 메모한다. 실제로 적용해보려는 노력도 한다. 그러나 한 분야에서 오랜 경험을 쌓은 전문가들의 노하우를 내가 현장에서 모두 적용하기에는 어려움이 있다. 예를 들면, 마케팅 강의에서 배운 모두를 내가 직접 적용해서 따라 할 수는 없다. 그래도 많은 것을 적용하려 애쓴다. 실행해보고 안 되면, 다시 강의를 듣고, 또 듣고, 새로운 강의도 찾아 듣는다. 나를 위한 투자가 최고의 투자이다.

나를 바꾼
혁신의
책 소개

성공한 사람들의 습관은 다음과 같다.

1. 새벽 시간 활용

2. 운동

3. 독서

4. 메모

이 4가지가 성공하는 사람들이 공통적으로 실천하는 습관이다. 반면 게으른 사람들 가운데 이러한 습관을 가진 사람은 드물다. 특히 책을 멀리한다.

이랜드 추천도서 목록을 뽑아 보았다. 어떤 방향으로 무슨 책을 읽어야 할지 모른다면 아래 리스트에서 찾아보는 것도 좋을 것이다.

기 초

1. 기업문화

1) 스피릿

프랭클린 자서전 | 가르시아의 밀서 | 나는 10억 배의 축복을 받은 사람 | 데일 카네기 시리즈 6권 | 벤 & 제리 | 사랑에 빚진 자 최태섭 | 불가능은 없다 | 비즈니스 바이블 | 세상과 나를 움직이는 삶의 기술 | 소명으로서의 기업 | 우리가 못 할 것은 아무것도 없다 | 이 땅에 태어나서 | 죽음의 수용소에서 | 헝그리 정신 | 107개의 병원을 가진 남자 | 백만장자가 되는 법 | 사람을 생각하는 기업 | 몬드라곤에서 배우자 | 영적인 비즈니스(바디샵) | 하프 타임 | 비영리단체의 경영

2) 자기계발

가장 활동적인 여성이 가장 매력적인~ | 내가 연봉 18억을 받는 이유 | 당신을 SOB라고 부르거든 웃어라 | 일본의 과장 | 경영자는 이렇게 공부하라 | 바디랭귀지 | 성공하는 사람들의 7가지 습관 | 소중한 것을 먼저 하라 | 시간을 지배한 사나이 | 아메리칸 드림을 실현한 50인 | 인생과 사업에 성공하는 88가지 비결 | 젊은이를 위한 쇼맨쉽 | 중역이 되느냐 과장부장으로 그치느냐~ | 30통의 편지 | 성공하는 사람, 번영하는 기업 | 오직 이 길밖에 없다 | 새로운 법칙들 | 10가지 자연법칙

3) 역사교훈

남부군 | 대원군 | 덕천가강 20권 | 동의보감 | 로마인 이야기 | 바다의 도시 이야기 | 열국지 | 오다 노부나가 5권 | 왕건 | 이성계 | 임진왜란 | 초한지 | 충신장

2. 협상

1) 협상 원칙

대화의 심리작전 | 무엇이든 협상할 수 있다. | 하버드식 외교술 협상 – 그 기술과 즐거움 | 하버드에서도 가르쳐주지 않는 것들 1, 2

3. 사업 전략

1) 패션

에펠탑에 옷을 입히며 | 베네통 이야기 | 이브 생 로랑 | 크리스찬 디오르 | 세계 최고 리미티드사 성공비결 | World

2) 유통회사

샘 월튼 자서전 | 월마트의 성장전략 | 세븐일레븐의 유통혁명 | 이토요카도의 업무개혁 1, 2, 3 | 가격파괴선언 | 월마트 | 위대한 상인 샘 월튼 | 유통개방 뛰어넘기 | 유통기업 | 한국의 유통산업, 이것이 문제다 | 산사이 수퍼의 완전주의 경영 | 막스 & 스펜서

매니지먼트

1. 경영원칙

1) 경제이해

이윤과 사회 | 리스크 | 불황경제학 | 경제학의 조망 | 죽은 경제학자의 살아 있는 아이디어 | 디플레이션 |경제탐험 | 세계를 움직인 경제학자들

2) 경영

경영은 이렇게 하라 | 사장의 실패 | 살아 있는 기업 | 성공하는 기업들의 8가지 습관 | 장군의 경영학 | 창업과 성장 | 초우량 기업의 조건 | 현대경영의 실제 상 · 하 | 구영한 시리즈 13권 | 위기돌파의 교훈 52 | 1초를 잡아라 | 숨은 강자들 | 한 권으로 만나는 경영대가 50인 | 한 권으로 읽는 경영 명저 50선 | 역사 속에서 본 비즈니스와 선교

3) 성공기업

마쓰시다 | 바디샵 | 소니의 기적 | 베네통 이야기 | 스타벅스 | 에스테로더 | 월트 디즈니사와 미래형 경영 | 혼다 | 77개 거대기업 | 휴렛 패커드 이야기 | GE혁명 – 당신의 운명을 지배하라 | GE 신화의 비밀 | IBM way | IBM 창업자와 후계자 | 패스트 푸드의 제국 | USA 투데이 | 커넬 샌더스 | CNN 그 성공신화 | 빌 게이츠 | 직접 팔아라 | 닌텐도 | 풀무원 이야기 | 우리는 기적이라 말하지 않는다

2. 재무관리

1) 금융

하나가 없으면 둘 다 없다 | 나는 나를 베팅한다 | 금융가의 불한당
| 고백 | 증권가 X-파일

2) 투자전략

나는 주식투자로 250만 불을 벌었다 | 월가를 움직이는 15 법칙 |
골드만 삭스 | 웨렌 버펫의 완벽 투자기법 | 웨렛 버펫 포트폴리오
| 주식투자로 성공한 현대의 영웅들 | 현명한 투자자 | 월가의 영웅
| 로브의 성공 일대기

3) 자산관리

손대는 사업마다 성공으로 이끄는 길 | 트럼프 | 트럼프 정상 지키
기 | 좀도둑, 큰 도둑 | 맥도날드 | Hillton | 로펌 | 미국상표법 | 현
금은 왕이다

4) M&A

e-Business 성공신화 시스코 시스템즈 | GE Capital

3. 조직관리

1) 조직구조

파킨슨의 성공법칙 | 파킨슨의 사회법칙 | 교세라의 아메바 조직 |

이노베이션

1. 변화관리

2. 지식경영

- 지식자산 지식자산의 측정과 관리 | BSC | 지식자본 | 지적자본
- 학습조직 글로벌 학습조직 | 지식창조기업 | 제5경영
- 지식자본가 성과를 향한 도전 | 21세기 지식경영
- 지식패러다임 지식의 지배 | 지식 자본주의 혁명 | 지식혁명 보고서

3. 성장

1) 세계화

중국은 가짜다 | 세계경영 정상의 길 | 문화와 세계경영 성공하는 국제비즈니스 | 세계의 문화와 조직 | 세계 경제는 국경이 없다 | 서양식 예절 | 국화와 칼 | 인도사 | 라틴 아메리카를 찾아서 | 일본의 실력 | 일본인과 한국인 이 점에서 크게 다르다 | 중국백과 | 중국의 비밀 | 한국인의 의식구조 1, 2, 3, 4권

2) Web

가상사회와 전자상거래 | 기업해체와 인터넷 혁명 | 인터넷 거품 | 네티즌을 위한 12계명 | 디지털 리터러시 | 비트의 도시 | 아마존의 성공비결 | 웹 경제학 | 전자상거래 혁명 | 클락 스피스 | e-Biz시대에도 변하지 않는 10가지~ | e비즈니스에 뜨는 태양 | 인터넷 브랜딩 11가지 법칙 | 디지털 다원이즘

4. 전략

1) 기획 마인드

브리프 케이스 | 맥킨지는 일하는 방식이 다르다 | 경영컨설팅사를 평가한다 | 로지컬 씽킹

2) 사업설계

가치이동 | 수익지대 | 성공 벤치마킹 | 이노베이션과 기업가 정신 | 포커스 경영 | 14가지 경영혁신 기법의 통합모델

3) 수익경영

재고파괴 | 이제는 수익경영이다 | 타켓 코스팅

4) 경쟁전략

기업경영과 전략적 사고 | 경쟁전략 | 경쟁전략의 본질 | 이노베이션(한계돌파의 전략) | 코피티션 | 타임베이스 경쟁전략 | 칭기스칸 | 손정의 21세기 경영 전략 | 경쟁우위 | 위대한 장군들은 어떻게 승리~ | 모방전략 | 손자병법과 전략경영

5) 중장기 전략

세계화 이후의 세계화 | 글로벌 기업의 핵심역량 | 코아 컴피턴스 경영혁명 | 한계돌파의 경영혁신 | 성공기업의 딜레마 | 전쟁의 역사 | 편집광만이 살아남는다 | 성장의 모약

5. 미래경영

- 미래변화 단절의 시대 | 자본주의 이후의 사회 | 경쟁의 종말 | 국가의 종말 | 역설을 넘어서 미래를 이해하기 | 미래기업 | 미래의 결단 | 클락 스피드

마케팅

1. 마케팅 원칙

1) 마케팅 혁신

마케팅 상상력 | 마케팅 원론(코틀러) | 우리가 알고 있던 마케팅은 끝났다 | 마케팅 혁명 | 미래형 마케팅 | 마케팅 포지셔닝 | 뉴 포지셔닝 | 마케팅 불변의 법칙 | 매스 커스터마이제이션(생산)

2. 브랜딩

1) 브랜드 관리

다섯 가지 성장코드 | 미학적 마케팅 | 레퓨테이션 | 강력한 브랜드의 구축 | 브랜드 자산의 전략적 관리 | 브랜딩 불변의 법칙 | 브랜딩 불변의 법칙 22

2) 광고

어느 광고인의 고백 | 성공하는 광고 | 과학적 광고 | 광고, 이렇게
하면 성공한다 | 오길비의 광고 | 오길비의 고백 | 광고에 신들린
사나이 | 광고인이 되는 법 | 생생한 PR현장 이야기 | 경영자의 매
스컴 사귀기 | 임신한 남자 | 세상에서 가장 효과적인 101가지 PR
전략 | CM 30초

3. 로열티 경영

1) 로열티 관리

로열티 경영 | 고객 제일주의 | 고객을 순간에 만족시켜라 | 고객
이 성공으로 이끈다 | 입소문으로 팔아라 | CRM.com

2) 소비자 행동

쇼핑의 과학 | 입소문으로 팔아라

3) 고객 서비스

노드스트롬 고객서비스의 신화 | 메리어트의 서비스 정신 | 서비스
나의 영원한 라이벌 | 노드스트롬의 서비스신화 | 서비스의 달인

4. 세일즈

1) Sprit

판매는 거절에서부터 시작된다 | 판매에 불가능은 없다 | 외야생활 반생기 | 유대인의 상술 | 프로세일즈의 1인자들 | 세일즈왕의 365일

2) Skill

한번고객을 평생고객으로 만드는 법 | 손님을 부르는 경영비법 | 움직이는 대리점 주부사원 백숙현 | 천하무적 DM전략 | 판매에 성공하는 비결

한 끗의 차이,
차이 나는 수익

　성공하는 사람들의 공식 중 한 가지를 이야기하라고 하면, DID 공식을 소개하고 싶다. 나는 내성적인 성격이라 먼저 다가가서 말을 하는 것을 어려워했다. 송수용 대표님은 세상을 이기는 힘《들이대 DID》의 저자이다. 육군사관학교를 졸업한 뒤 대위로 전역해 제지회사 영업사원으로 사회생활을 시작하여, 2009년부터 강연을 통해 4년간 무려 1,000회의 특강을 기록하며 동기부여 분야 최고의 명강사로 자리 잡은 저자 송수용이 자신의 성공의 원동력으로 'DID 정신'을 제시하였다.

　'DID' 란 'DO it … Done'의 약자로, '들이대'의 이니셜이다. 내 앞에 어떤 장애물이 가로막더라도 포기하지 않고 창의적인 도전정신으로 들이대 위기를 기회로 만드는 대반전의 힘, 즉 '하면 된다'는 믿음 하나로 끝까지 밀고 나가는 무대뽀 정신을 뜻한다. 나는《들이대 DID》책을 읽었다. DID 강연 코칭 수업도 들었다. 그때 대표님은

'한 번 더 연락하기'를 강조했다. 한 번 더 연락하려면 먼저 다가가야 했다. 나는 한 번 더 연락하기를 바로 적용하기로 마음먹었다. 기존에 강의에 대해 문의한 사람들의 연락처를 저장했다. 그들에게 한 번 더 연락했다. 그러면서 점차 강의가 늘어나게 되었다. 강의 문의가 왔을 때 고객의 정보를 잘 메모해두는 것이 중요하다.

나는 고객 정보 보존을 위해 3P바인더를 사용하고 있다. 월·화·수요일과 목·금·토요일로 각각 나누어 고객관리 양식을 만들었다. 고객관리 양식에는 월화수 또는 목금토의 해당 시기에 문의를 해온 사람의 성함과 연락처, 대화 내용 등을 기록해놓는다. 문의한 날 바로 수강을 신청하는 경우도 있지만, 추후 수강을 고려해보겠다고 하는 분들이 많기에 그러한 기록은 꼭 필요하다.

예를 들어, 부산 지역의 강의 문의를 받은 경우, 메모를 해두었다가 부산에 강의가 개설될 때 문의자에게 연락을 한다. 연락을 해서 고객이 처음 문의했을 당시를 언급하면서 친절하게 다가간다. 고객은 자신과 자신의 문의를 기억해준 것에 호의를 느낀다. 내가 자세하게 기억할수록 더 좋아한다. 따라서 첫 고객 응대 시에 꼼꼼하게 기록을 남기는 것이 중요하다.

한 끗의 차이라고 했던가. 디테일하게 고객의 세부 정보, 고객과 소통한 내용을 기록하는 것이 중요하다. 고객의 생일, 주거지역 등은 기본이다. 자녀가 있는 고객이라면 자녀의 이름도 알아두는 것이 도움이 된다. 고객에게 한 번 더 연락해서 이들 기록을 활용해 대화를 나누면 보다 고객과 가까워질 수 있다. 연락처 관리는 핸드폰의 폴더별 관리 기능이나 SMSGO라고 하는 단체 문자 발송 사이트 등의 도움을 받을 수 있다. 중요한 것은 관리하려는 의지이다. 고객에게 한 번 더 연락하고 관심을 표현하는 정성 DID. 꼭 실천해보기를 바란다.

고객은 다가가야 하고 가까워져야 할 존재이다. 고객에게 다가가는, 또한 고객과 가까워지는 방법을 몇 가지 소개한다. 인풋과 아웃풋의 개념으로 접근한 방법이다. 읽기 -〉 듣기 -〉 보기 -〉 경험하기 -〉 익히기의 방법들을 도표를 사용해 명확하게 설명해본다.

인풋과 아웃풋의 개념

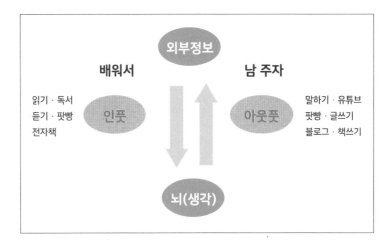

첫째, '읽기'는 사람들이 정보를 입수하는 기본적인 방식이다.

이 방식을 염두에 둔다면 책, 전자책, 워크북, 기사, 뉴스레터, 블로그 글, 강사 지침서, 대본 등의 형태로 고객에게 다가갈 수 있다. 고객들은 읽고 싶어 한다. 그 욕구를 겨냥해 블로그에 글을 쓸 수도 있고, 전자책을 만들 수도 있다. 그렇게 글을 써서 '나'를 알릴 수 있다.

둘째, 고객들은 정보를 듣고 싶어 한다.

오디오 CD, MP3, 컨퍼런스 콜, 일대일 전화 상담 등이 그 욕구를 충족시켜주는 매체이다. 나의 경우에도 이동할 때 오디언이나, 리디북스를 통해 책을 듣는다. 고객의 듣고 싶은 욕구를 겨냥한다면 팟빵 등을 통해서 콘텐츠를 녹음해 업로드하면 된다.

셋째, '보기' 역시 정보를 얻는 주요 수단이다.

DVD, 홈스터디 프로그램, 온라인 비디오, 웹 세미나, 모바일 어플리케이션 등은 고객의 '보기 욕구'를 충족시켜준다. 요즘은 특히 모바일이 대세다. 따라서 모바일 동영상을 제작해 유튜브에 올리거나, 비메오 사이트 등을 활용해서 영상을 제작해 판매할 수 있다. zoom 서비스를 이용해 온라인 웹 세미나를 진행할 수도 있다. 나는 거리가 멀고 환경에 어려움이 있는 분들을 위해 정기적인 온라인 프로그램을 진행하고 있다.

넷째, 고객들은 직접 경험하고 싶어 한다.

그렇다면 세미나, 워크숍, 수행, 탐방, 박람회 등을 개최하면 된다. 나는 경험을 원하는 고객들을 위해 오프라인 원데이클래스 혹은 공개 설명회를 진행한다. 비용은 1~5만 원 선이다.

다섯째, 어떤 고객들은 정보를 완전히 익히고 싶어 한다.

얻은 정보를 실전에서 활용하기를 원하는 것이다. 이런 고객들을 위해서는 소수의 한정된 인원을 위한 마스터 마인드 프로그램, 코칭 서비스, 상담 프로그램 등을 운영할 수 있다. 프로그램 기간은 4주, 8주, 12주 정도가 적당하다. 인원은 8~10명 정도의 소그룹으로 진행한다. 일대일 코칭을 통해서 맞춤 서비스를 제공할 수도 있다.

메신저는
가치 있다

　당신이 살아온 이야기, 알고 있는 지식, 전달하고자 하는 메시지는 생각보다 훨씬 더 가치 있다. 사람들은 당신의 경험을 통해 간접 체험을 하기 때문이다. '나'의 성공 경험, 실패 경험을 통해서 교훈을 얻고 새로운 생각으로 나아갈 수 있기 때문이다.

　당신은 세상을 변화시키기 위해 태어났다. 세상을 변화시키는 가장 좋은 방법은 자신의 지식과 경험(어떤 주제에 대한 것이든)으로 다른 사람들이 성공하도록 돕는 것이다. 단 한 사람의 삶을 변화시키겠다는 목표를 세우는 것이 좋다. 그것이 곧 온 세상을 변화시키는 초석이 되기 때문이다. 천하보다 귀한 것이 한 영혼이라고도 하지 않는가.

　타인의 성공을 위해 당신은 끊임없이 배우고 노력해야 한다. 그러다 보면, 당신 또한 성공의 자리로 나아갈 수 있다. 내가 그 증인이다. 나는 강사라는 표현보다는 코치라는 표현을 더 좋아한다. 그래서 사람들에게 나를 '성공을 돕는 코치'라고 소개한다. 나는 성공을 꿈꾸는 사람들의 조력자로 사는 것이 좋다. 그렇게 살고 싶어 메신저로 살아간다.

당신은 사람들에게 성공하도록 조언하고 관련 정보를 제공하는 것에 대해 대가를 받을 수 있다. 그렇게 되면 정신적인 만족과 물질적인 만족을 동시에 얻을 수 있다. 코칭, 강의, 방송, 세미나, 책, 소책자, 블로그, 유튜브, 오픈 채팅방, 플러스 친구 등 사람들과 소통할 수 있는 창구는 얼마든지 있다. 이들을 활용해 조언과 정보를 제공하고 정당한 대가를 받으면 되는 것이다.

우선은 무료로 조언과 정보를 나누는 것도 괜찮은 방법이다. 좋은 자료를 무료로 나누면서 당신의 인식을 좋게 만드는 것이다. 사람들은 손실 회피심리가 있어서 잘 모르는 곳에는 돈을 쓰지 않는다. 그러므로 무료 제공을 통해 먼저 신뢰를 쌓는 것이다. 온라인에서 무료 제공을 하고, 오프라인에서 일대일 코칭이나 강좌 개설을 통해 약간의 강의료를 받는 것이다. 1만 원 정도의 오프라인 특강으로 시작하는 것을 추천한다.

강의는 생생해야 한다. 고객에게 현장을 직접 체험하는 듯한 인상을 심어준다면 그 강의는 성공하며, 당신도 성공한다. 그러려면 당신이 경험을 많이 해야 하는 것은 물론이며, 그것을 기록해두는 것 또한 중요하다. 나는 고객에게 나의 기록물(에버노트, 바인더 등)을 보여준다. 그것으로 고객에게 체험을 선사한다. 아직도 나는 몇 년 전 지하철에서 오이채를 팔던 아저씨를 생생하게 기억한다. 그분은 오이를 얇게 썰어서 사람들의 손등에 붙여주었고, 사람들은 그 오이채의 성능(?)을 확인하고 지갑을 열었다. 만약 그냥 말로만 제품을 설명하고 보여주는 데 그쳤다면, 지갑은 열리지 않았을 것이다. 사람들이 체험할 수 있도록 한 아저씨의 전략이 통한 것이다. 고객에게 체험은 정말 중요하다.

삶의 선택에 대한 책임은 자신에게 있다. 나도 내 삶을 책임지기 위해 부단히 노력했다. 프로가 되기 위해 프로처럼 철저하게 자기 관리를 했다. 강사의 삶을 선택했을 때 처음에는 나를 아는 사람이 아무도 없었다. 그래서 나를 알리기 위해 책을 읽고, 강의를 듣고, 영상을 보면서 공부했다. 인터넷을 통해 부지런히 홍보했다. 그 노력의 결과로 강좌가 많아지게 되었고, 내가 좋아하는 강의를 하면서 수익화를 할 수 있게 되었다.

불과 5년 전까지만 해도 나는 시급 6,000원을 받는 배달 아르바이트생이었다. 꿈과 상관없는 삶이었지만 이때 많은 경험을 쌓았다. 덕분에 아르바이트생의 삶을, 아르바이트생에서 벗어나기 위해 몸부림치던 삶을 많은 사람들에게 전할 수가 있었다. 메신저가 될 수 있었다.

진정한 프로가 되기 위해서 지금은 영어 공부에 열중하는 중이다. 전문적인 지식을 영어로 소통할 수 있는 능력을 갖추기 위해서 노력하고 있다. 학교 다닐 때는 그렇게 재미없고 싫었던 영어가 이제는 나의 꿈을 이뤄주는 도구라고 생각하니, 영어를 공부하는 시간이 소중하고 감사하다. 오늘도 밤늦은 시간까지 사무실에서 영어 공부를 했다. 독서도 하고 글도 썼다. 나의 삶에 '포로'가 아닌 '프로'가 되기 위해서이다. 이러한 삶 또한 언젠가 많은 사람들에게 전할 수 있을 것이다. 나는 메신저이니까.

chapter **4**

세상을
이기는
무기

변화하라,
시대가
바뀌었다

상황에 맞게 변신하지 않으면 성장은커녕 생존하기도 어렵다. 시대가 바뀌었다. 또 빠르게 바뀌어가고 있다. 시대에 맞춰서 스스로를 바꾸는 사람만이 성장한다. '내가 누군데', '내가 왕년에 이랬는데' 하며 과거의 성공에 빠져 있는 사람들을 종종 보게 된다. 책을 읽어도 실천하지 않는, 무언가를 배워도 다 아는 것이라며 시큰둥해하는 사람도 주변에 적지 않다. 이들에게서 변화를, 성공을 기대하기 어렵다.

변화를 멈추는 순간 망한다. 기업도 개인도 마찬가지이다. 시대의 변화의 흐름에 맞춰서 스스로도 변화해야 한다. 그러기 위해서는 새롭게 책을 읽고, 새롭게 배워야 한다. 그리고 실천해야 한다. 앞에서도 언급했지만, 성공하는 사람들의 공통된 특징은 바로 끊임없이 배운다는 점이다. 지금은 평생학습의 시대이다. 고등학교, 대학교까지의 공부로만 평생을 살아가기에는 어려움이 있다. 100세, 120세 시대라고들 하는데, 인생의 후반전을 위해서라도 지금부터 공부하는 것이 중요하다.

변화를 위해 목표를 시각화하는 작업부터 시도해보기를 권한다. 목표의 시각화는 정말 중요하다. 자신이 원하는 바를 종이 위에 쓰거나, 컴퓨터 워드를 활용하거나, 그림을 그리거나, 사진을 붙여서 항상 눈에 보이게 두면 목표로부터 멀어지지 않을 수 있다. 목표가 '가시권' 안에 있어야 늘 그 목표를 생각하며 자신을 독려하게 된다.

목표 시각화 작업을 위해 마인드맵을 활용하기를 추천한다. 연필로 작성하든, 색연필로 작성하든, 볼펜으로 작성하든 상관은 없다. 다만 종이 위에 작성하도록 한다. 종이는 A3 사이즈의 큰 용지가 좋다. 마인드맵은 머릿속 그리고 마음속의 생각을 자유롭게 끄집어내는 것이 관건인데, 종이가 넓으면 한결 그것이 용이해진다. 종이의 공간에 구애받지 않을 때 생각은 더 잘 정리된다. 그래서 작은 용지보다는 A3 사이즈가 더 적당하다.

머리가 아니라 손으로 정리하는 습관을 기르자. 이 새로운 습관을 길들이는 것도 변화의 일환이다. 머릿속의 생각은 보이지 않는다. 보이지 않는 생각은 아무리 자주 반복해서 하더라도 날아가버리기 십상이다. 종이 위에 펜으로 생각을 정리하면 좋다. '눈에 보이는' 생각은 종이를 잃어버리지 않는 한 쉽게 떠나지 않는다. 어려운 수학 문제를 풀 때도 대부분은 머리로만 풀지 않는다. 연습장에 공식을 적으며 차근차근 풀어나간다. 풀리지 않는 복잡한 문제가 있다면, 종이 위에 쓰자. 먼저 문제를 쓰고, 그다음에 해결 방안을 쓰자. 우선순위를 따져가면서 생각들을 정리해나가다 보면, 본인의 문제도 제삼자의 관점에서 바라볼 수 있는 객관적인 시선이 길러진다. 그 객관적 시선은 문제 해결에 큰 도움이 된다. 나 또한 머릿속이 복잡할 때는 노트와 펜을 가지고 조용한 카페로 간다. 그곳에서 복잡한 생각들을 모조리 종이 위에 쏟아붓고 하나씩 정리한다. 그러면 알맞은 답들이 생각의 수면 위로 차례차례 떠오른다. 성공한 사람들도 이와 같이 한다. 항상 종이 위에 생각을 기록하고 표현한다. 그들이 하는 대로 따라하지 않을 이유가 있는가.

시대가 달라져도 중요한 것은 달라지지 않는다. 사랑, 감사, 지혜 등은 시대에 상관없이 늘 고귀한 가치로 평가받지 않는가. 이 항목들에 '변화'를 추가해야 한다. 이제는 시대가 달라져도 변화의 중요성은 달라지지 않는다고 가슴에 새겨야 한다. 그리고 배움의 자세로 끊임없이 나아가야 한다. 변화는 당신에게 세상을 이기는 무기가 될 것이다.

우선순위의
법칙

뜨거운 태양 아래 배달 일을 하는 것이 힘들었다. 매일같이 어깨가 빠질 듯했다. 새로운 곳을 다니고 싶었다. 바다가 보이는 카페에서 책도 읽고 싶었다. 사람들에게 인정받는 삶을 살고 싶었다. 하지만 현실은 복잡한 차량 사이를 빠르게 다니는 배달부일 뿐이었다.

배달부이지만 포기하지 않았다. 좌절하지 않고 꿈을 향해 달렸다. 꿈을 종이 위에 적고, 그 종이를 벽에 붙이고, 배달을 위해 이동하면서 계속 강의를 들었다. 작은 수첩에 책에서 읽은 좋은 글들을 썼고, 수첩을 가지고 다니면서 그 글들을 반복해서 읽었다. 소리 내어 외쳤다. 오토바이 헬멧을 쓰고 다녔기 때문에 사람들은 내가 외치는 소리를 들을 수 없었다. 그래서 마음 놓고 자신 있게 외쳤다. 힘든 상황일수록 꿈에 더 다가가기 위해 크게 소리 냈다. 외친 만큼 노력했다. 무거운 뚝배기들을 배달할 때는 어깨가 아파서 하루가 멀다 하고 한의원에 침을 맞으러 다니기도 했다. 그럴수록 더욱 생생하게 꿈꾸었다. 전국을 누비는 강사의 꿈을 키워나갔다.

현대인들은 누구나 바쁜 일상을 보낸다. 바쁜 일상 속에서 자신에게 가치 있는 일은 무엇인지 알고 현재 주어진 시간을 어떻게 보내는지가 중요하다. 본인이 어떻게 시간을 쓰고 있는지 종이 위에 기록하는 것이 좋다. 기록한 내용을 보며 자신의 시간을 분석해보자. 무슨 일을 하면서 가장 많은 시간을 보내고 있는지, 어떤 시간이 가장 부족한지 등을 알아보기 바란다. 그리고 다음 3가지를 셀프 피드백 하면서 성찰하도록 한다.

1. 나는 현재 어떤 시간을 가장 많이 보내고 있는가?
2. 내가 쓰고 있는 시간에 문제점은 없는가?
3. 나의 목표를 향해 가는 데 얼마만큼의 시간을 사용하고 있는가?

당장 급하지 않더라도 가치 있는 일들을 위해서 시간을 사용하는 것이 좋다. 나의 경우 독서, 글쓰기, 운동, 영어 공부는 '당장 급하지 않더라도 가치 있는' 일이다. 당장 이런 것들을 하지 않는다고 해서 무슨 큰 문제가 생기지는 않는다. 반대로 당장 한다고 해서 금방 밥이나 떡이 나오는 것도 아니다. 그러나 나는 이 일들을 뒤로 미루지 않는다. 독서와 글쓰기와 운동과 영어 공부는 나를 성장시키는 일이기 때문이다. 현재의 나를, 미래의 나를 만드는 자양분이기 때문이다.

스티븐 코비 박사의 '큰 돌' 동영상이 생각난다. 수조 안에 먼저 큰 돌(중요한 일)을 넣고, 작은 돌(사소한 일)을 나중에 넣어야 돌들은 수조 안에 다 들어간다. 하지만 반대로 하면 다 들어가지 못한다. 우리의 삶도 그렇다. 당장 가시적인 결과가 나타나지 않는 독서, 글쓰기, 운동, 영어 공부와 같은 것들은 쉽게 뒤로 미루게 된다. 아침 시간에는 "저녁에 하지 뭐" 하고, 저녁 시간에는 "내일 하지 뭐" 하는 것이 대부분 사람들의 습성이다. 개인마다 다소 차이는 있겠지만 독서, 글쓰기, 운동, 영어 공부 등은 큰 돌이라 자신 있게 말할 수 있다. 우리는 수조 안에 큰 돌을 먼저 넣어야 한다. 그것이 우선순위의 법칙이다. 솔직히 나도 미루고 싶을 때가 있기도 하다. 그때마다 우선순위의 법칙을 떠올리며 흔들리는 나를 부여잡는다.

나는 영어를 중학교 1학년 때 포기했다. 그런 내게 전 세계를 다니며 영어로 강의하겠다는 꿈이 생겼다. 그 꿈을 위해서 느리지만 조금씩 영어를 공부한다. 독서도 열심히 한다. 눈이 아파도 손에서 책을 놓지 않는다. 어디를 가든지 손에 책 한 권과 볼펜 한 자루를 들고 나간다. 책을 읽으면서 떠오른 아이디어와 생각들을 책 여백에 미친 듯이 적고는 한다.

글쓰기 또한 꼭 해내야 할 과제이다. 물론 글쓰기는 쉽지 않고 나는 글솜씨가 뛰어나지도 않다. 하지만 글쓰기를 통해서 얻은 놀라운 치유의 경험들이 삶 속에 있었기 때문에 매일 조금이나마 해나갈 수 있다. 조금이라도 쓰려고 노력하고 있다. 다행히 글을 쓸 수 있는 공간은 많다. 블로그에 쓰기도 하고, 에버노트에 쓰기도 하고, 페이스북에 쓰기도 한다. 공간이 많은 것도 매일 글을 쓰는 데 도움이 된다. 나의 글이 오랜 시간이 지나도 세상에 남아 있으면 좋겠다. 나는 그런 바람에서 글을 쓰고 있다.

운동은 좀 더 분발해야 할 분야이다. 헬스장을 등록하고도 자주 가지 못하는 것이 사실이다. 비싼 PT 프로그램이라도 끊을까 고민 중이다. 돈을 들이면 아무래도 더 열심히 하게 되는 게 인지상정이다.

다시 한 번 정리하면, 삶에서 가치 있는 일들에 우선순위를 두기 바란다. 그 일들을 종이 위에 써보고, 어떤 시간에 할 것인지도 써보자. 되도록 하루를 시작하는 새벽 시간에 하는 것을 추천한다. 가장 집중할 수 있는 시간이고, 방해되는 일들이 가장 적은 시간이기 때문이다. 바쁜 일상 속에서도 가치 있는 삶을 살려고 노력하는 당신을 응원한다.

독서,
최강의 무기

성장을 위해서 독서는 필수이다. 본인이 좋아하는 분야의 책을 끊임없이 읽는 것이 중요하다. 그러는 사이 성장한다.

나는 1년에 책 한 권 읽지 않던 사람이었다. 당연히 성장하지 않은 채 제자리걸음만 하며 살아가고 있었다. 그러다 이지성 작가의 《꿈꾸는 다락방》과 《독서 천재가 된 홍 대리》를 통해서 자기계발 서적들을 좋아하게 되었다. 그 후 자기계발 서적과 각종 교육 등을 찾아다니며 꾸준히 자기 성장에 힘쓰고 있다. 책에서 얻은 지식을 나의 머릿속에만 가두지 않고 사람들에게 나누기도 했다. 일대일로, 규모 작은 강의로 사람들과 나누었다. 이제는 더 큰 강의로 발전했다. 현재 나는 스마트워크 강사로 활동하고 있다. 스마트워크란 고정된 근무장소에서 정해진 근무시간에 따라 일하는 방식 대신 정보통신기기 등을 활용해 장소나 시간에 구애받지 않고 일하는 근무방식이다.

기업의 입장에서는 업무효율 향상과 유능한 인재 확보, 비용 절감 등의 효과를 기대할 수 있어서 채택한 기업도 있다. 근로자 입장에서는 균형 잡힌 삶을 추구할 수 있어서, 일과 가정의 조화를 꾀할 수 있다. 특히 육아나 가사에 부담이 많은 여성 근로자들이 선호한다. 일과 가정을 함께할 수 있다는 점이 큰 장점이다.

맥도날드에서 배달 아르바이트를 할 때도, 새벽에 우유배달을 할 때도, 피곤했다. 그래도 매일 1시간 이상 독서를 하기 위해서 노력했다. 책을 보며 꿈을 키우고 미래를 준비하는 것이 현재의 고통을 이겨내는 힘이 되었다. 자기계발 서적에는 힘이 있다고 생각한다. 현재를 이겨낼 수 있는 힘 말이다. 그러므로 지금의 처지를 한탄하고 괴로워만 하기보다는 책 한 권 읽는 것이 낫다고 생각한다. 각종 세미나에 참석한다면 더욱 좋다. 요즘은 온라인 서점과 배송 체계가 발달해서 책을 사고 받아보는 데 큰 어려움이 없다. 마음만 먹으면 된다. 클릭 몇 번이면 된다.

여전히 나는 힘들고 어려울 때마다 책을 찾는다. 지난날 가장 힘들었을 때 나를 일으켜 세우고, 나를 붙잡아준 것은 책이었다. 독서였다. 학교를 그만두고 방황하던 시절, 엔서니 라빈스와 브라이언 트레이시의 책들이 나에게 큰 위안이 되었다. 그리고 또 다른 많은 책들이 나에게 꿈을 주었다. 나는 책들이 준 꿈이 이루어질 거라 믿었다. 그 믿음은 나를 배신하지 않았다.

성장을 위해서 독서는 필수이다.
본인이 좋아하는 분야의 책을 끊임없이 읽는 것이 중요하다.
그러는 사이 성장한다.
지금까지 읽은 자기계발 서적이 2,000여 권쯤 된다.
2,000여 권의 책을 읽으면서 발견한 성공한 사람들의
공통점은 메모, 독서, 운동 그리고 시간 관리였다.

나는 책을 읽을 때 한 권만 집중해서 읽기보다는 비슷한 종류의 책을 4~5권 정도 동시에 읽는다. 책장을 후루룩 넘기면서 보다가 책들이 공통적으로 언급하는 부분을 더욱 집중해서 읽는 것이 나의 독서법이다. 정독보다는 속독을 좋아하지만, 집중해야 할 부분에서는 정독한다. 중요한 점은 같은 책을 반복해서 읽는다는 것이다. 아무리 정독을 하더라도 한 번만 읽는 독서는 큰 효과가 없다.

책을 읽을 때는 책에 표시를 많이 한다. 최대한 할 수 있을 만큼 한다. 노란 펜으로 밑줄을 긋고, 제트스트림 0.7 3색 볼펜으로 핵심 키워드에 표시한다. 책장의 오른쪽 위, 또는 하단의 귀를 접는다. 실천할 내용은 체크리스트에 옮겨 적는다. 그리고 하나하나 실천하기 위해서 노력한다.

책을 읽다 보면 많은 아이디어가 떠오르곤 한다. 그 아이디어들을 빠르게 스케치하듯 메모하고, 실행 계획을 세운다. 실행은 되도록 빨리 착수한다. 시간이 너무 지나버리면 실행 의지도, 추진력도 사그라질 가능성이 높다.

2018년부터 여러 사람들과 함께 책을 읽는 독서 모임을 만들고 싶은 생각이 들었다. 이듬해인 2019년에 그 생각을 실천에 옮겼다. 올해 3월부터 강동 지역에 독서 모임을 만든 것이다. 매주 일요일 저녁 6시에 책을 좋아하는 책쟁이들이 모여 진지하게 책과 관한 이야기를 나눈다. 솔직히 처음에는 아무도 안 올까 봐 걱정했었다. 하지만 그 걱정은 기우에 불과했다. 현재 매주 10~15명이 모여 독서

모임을 활발하게 이끌어가고 있다. 이를 보며 나는 역시 생각은 생각에 그쳐서는 안 된다는 것을 깨달았다. 부족하더라도 실천에 옮겼을 때만이 성과를 얻을 수 있다고 생각한다.

지금까지 읽은 자기계발 서적이 2,000여 권쯤 된다. 2,000여 권의 책을 읽으면서 발견한 성공한 사람들의 공통점은 메모, 독서, 운동 그리고 시간 관리였다.

상투적인 말이지만 정말 책 속에 답이 있고 길이 있다. 많은 사람들이 다양한 이유로 독서를 기피한다. 하는 일이 너무 바빠서, 책을 살 돈이 없어서, 책 읽을 시간이 없어서, 책이 나와 맞지 않아서……. 그러면서 돈은 더 벌고 싶어 한다. 돈을 벌 수 있는 묘안이 책 속에 있는데도 말이다. 나름의 사정이 다 있겠지만 독서 습관을 들이기를 권한다. 그 습관이 성공의 길로 안내할 것이다.

실용독서법을
실천하라

가장 중요한 것은 '나만의 독서법'을 만드는 것이다.

조선시대에는 각 가정마다 고유의 독서법을 계승했다고 한다. 본인에게 맞는 독서법이 있고, 맞지 않는 독서법이 있을 것이다. 맞는 독서법을 통해서 날마다 독서를 반복하는 것이 중요하다.

실용적인 독서법을 몇 가지 소개하고자 한다. 내가 실천하고 있는 독서법이기도 하다.

하루에 30분씩 독서 습관 만들기

브라이언 트레이시의 《백만 불짜리 습관》에서는 성공하는 사람들에게 빠지지 않고 등장하는 습관이 바로 독서 습관이라고 한다. 하루에 30분 이상 독서하는 시간을 확보하도록 하자. 타임스케줄에 책 읽는 시간을 표시한다. 밥은 매일 먹으면서 왜 독서는 안 하는가? 운동도 좋고 다이어트도 좋지만 책은 더 좋다.

하루에 50페이지 이상 읽기

하루에 50페이지를 읽으면 대략 일주일에 한 권의 책을 읽을 수 있다. 남의 책이나 빌려온 책만 아니라면 50페이지마다 책장을 접어놓는 것도 좋은 방법이다.

Book & Binder

책과 바인더를 항상 가지고 다닌다. 화장실에 갈 때도 핸드폰을 들고 가는 사람이 많다. 이제 책도 들고 가자. 바인더는 1주일씩 스케줄을 한눈에 볼 수 있어서 약속이나 해야 할 일들 계획들이 기록되어 있어서 놓치지 않기 때문이다. 그리고 나의 관심사, 업무, 계획들이 한군데 정리되어 있으니 새로운 생각이나 업데이트할 것들, 리뷰하고 서치해야 할 것들을 바로 반영할 수 있기 때문이다.

의식 집중훈련

독서를 시작하기 전 명상이나 음악을 통해 의식을 집중한다. 그리고 '나는'이라는 단어를 불러와 자신의 잠재의식을 깨운다. 가령 '나는 무엇이든 할 수 있다'라고 잠재의식에게 말을 하는 것이다. 의식이 골프공 크기라면, 잠재의식은 농구공 크기이다. 의식 집중훈련을 통해 모든 감각을 일깨운다. 스스로 부정해서 에너지가 분산되고 효과가 떨어질 수밖에 없었던 부분도 살려낸다. 집중훈련은 목표를 뚜렷하게 한다. 성장할 수 있게 한다. 매일 반복되는 훈련은 지겹고 짜증나기도 한다. 하지만 반복되는 훈련을 거치지 않고 성공할 수 없다.

노란펜 사용

나는 '지구투명이 노란펜'을 사용해서 독서를 한다. 가상의 밑줄을 그으면서 책을 읽다가, 중요한 부분에서는 실제 밑줄을 긋는다. 펜이 지나가는 속도를 눈으로 따라가다 보면 책 읽는 속도가 빨라진다. 책을 재독할 때 펜으로 표시한 부분들을 다시 보게 되면 책 읽는 속도는 한층 더 빨라진다. 즉 노란펜은 빠르게 반복해서 책을 읽는 습관을 들이기에 유용하다. 나는 노란펜을 한 다스씩 사서 필요할 때마다 사용하고, 필요한 사람들에게 나눠주기도 한다.

시각화

책을 읽다 발견하는 좋은 내용들은 포스트잇에 써서 붙인다. 잊어버리는 것을 방지할 수 있다. 시각화의 힘은 강력하다.

시각화의 한 방법으로 '별표 매기기'도 있다. 중요도에 따라 별 한 개(★), 별 두 개(★★), 별 세 개(★★★)를 매기는 것이다. 또한 중요한 문단을 네모박스나 동그라미로 묶는 것도 좋은 방법이다.

주간 스케줄표 사용하기

나는 3P바인더에 주간 스케줄표를 작성한다. 작성법은 간단하다.

하루에 독서할 시간을 먼저 배치한다. 주말에는 몰입 독서 할 수 있는 시간을 별도로 둔다. 앞서 언급했듯 하루 독서 시간은 30분 이상으로 잡는다. 하루 독서의 양은 50페이지 이상이다. 30분 정도 독서하면 대체로 50페이지는 채울 수 있다.

생각을 글로 쓰기

책을 읽고 느낀 점이나 배운 점을 글로 써본다. 그 글을 다른 사람과 나누면 더 좋다. 글로 쓰면서 아웃풋, 말로 나누면서 아웃풋, 두 번의 아웃풋을 통해 느낀 점과 배운 점은 온전히 '내 것'이 된다. 손과 입을 많이 사용할수록 독서의 효과는 높아진다.

빠르게 반복해서 읽기

빠르게 반복해서 읽는 독서를 추천한다. 효과를 톡톡히 보고 있는 나의 독서법이다.

책을 빠르게 읽으려면 책장을 빨리 넘겨야 한다. 책에 길을 들여놓으면 그것이 가능하다. 나는 아래와 같은 방법으로 책을 길들인다.

귀 접기

책을 읽다 중요한 부분을 만나면 책장 오른쪽 위의 귀를 2센티미터 정도 접어놓는다. 왼쪽 페이지에 중요한 내용이 있어도 무조건 오른쪽 귀를 접는다.

개구리 접기

더 중요한 부분이라면 귀를 접은 상태에서 한 번 더 접는다. 한마디로 두 번 접는 것이다. 접은 공간에는 핵심 키워드를 작성한다. 나중에 책을 다시 읽을 경우 이 키워드만 보면 빠른 독서가 가능해진다.

큰 귀 접기

더 핵심적인 내용들은 귀를 크게 접는다. 역시 접은 공간에 메모를 해두면 좋다.

본깨적 독서

《본깨적》이라는 책이 있다. 그 책에서 설명하는 '본깨적 독서'를 소개한다.

본(본 것): 저자의 관점 , 좋은 글,
깨(깨달은 것): 아이디어, 질문, 나의 생각
적(적용할 것): 개인적으로 실천할 것, 업무적으로 실천할 것을 작성하고 체크리스트를 통해서 점검

즉 책을 읽고 난 뒤 본 것, 깨달은 것, 적용할 것을 독서노트에 작성하는 것이다.

일각에서는 책 베껴 쓰기를 권장하기도 한다. 그러나 이 방법은 시간 대비해서 효과가 적다. 양이 많아서 나중에 다시 보기도 부담스럽다. 여러 면에서 본깨적 독서가 효율적이다.

본깨적 독서에서 가장 중요한 것은 '적용할 것'을 찾는 일이다. 사생활적으로, 공적으로, 업무적으로 적용할 점을 찾아야 한다. 이 일을 게을리하고 책만 읽으면, 머리만 커지고 발은 움직이지 않는다.

실용적인 독서법의 핵심은 결국 '실용'이다. 실용의 사전적 의미는 '실제로 씀. 또는 실질적인 쓸모'이다. 실제로 써야 한다. 책을 읽고 떠오른 아이디어를 실천해야 한다. 그런데 많은 사람들이 이것을 제대로 하지 못한다.

왜 아이디어를 실천하지 못하는가? 그 이유는 여러 가지가 있겠지만, 또한 개인차가 있겠지만 한 가지만 지적하고 싶다. 완벽해지려는 생각이 문제다. 처음부터 모든 일을 완벽하게 하는 사람은 정말 드물다. 실패와 고난을 자연스러운 과정으로 여기고 일에 착수해야 한다. 일례로 나는 어떤 사람에게 콘텐츠를 유튜브로 촬영해서 올려볼 것은 제안한 적이 있었다. 그의 반응은 이러했다.

"유튜브 하는 사람이 많지 않나요?"

이른바 레드 오션에 뛰어든다는 두려움에서 나온 반문이었다. 실패하면 물론 타격을 입고 상처도 받겠지만 성공을 위한 과정으로 받아들여야 한다. '완벽한 콘텐츠'로 단번에 유튜브에서 대박을 내기는 어렵다. 성공한 사람들은 모두 고난의 시간을 가졌다. 내가 책을 읽고 알게 된 사실이다. 고난이야말로 완벽으로 가는 지름길이다.

여러분에게 희망을 주기 위해 내가 책을 읽고 실천해서 수익화한 사례를 소개한다. 나는 《핑크펭귄》이란 책을 읽고 실천해서 수익을 얻었다. 이 책을 읽고 맛보기용으로 1만 원짜리 강좌를 열었다. 이 것이 성공해서 10만 원짜리 강좌도 열게 되었다. 나중에는 100만 원짜리 강좌로까지 발전했다.

다소 우스운 비유이지만, 1만 원짜리 강좌는 대형마트 시식 코너에 내놓은 시식용 음식이었다. 마트의 소비자들이 시식용 음식이 맘에 들면 본 식품을 사듯이 나의 강좌 고객들이 그러했다. 여기서 중요한 점은 시식용 음식이 소비자의 마음을 사로잡아야 한다는 것이다.

그러기 위해서는 시식용 음식을 만드는 데 공을 많이 들여야 한다. 한편 시식용 음식이 맘에 안 든 소비자들이 본 식품을 외면하는 경우도 있다. 이것은 실패다. 하지만 실패가 두려워서 시식용 음식을 아예 내놓지 않을 것인가? 이 질문에 대한 답은 여러분에게 맡긴다.

종이 위의
기적은
일어난다

3P 바인더는 업무 관리와 자기 관리를 동시에 하게 해주는 도구이다. 업무 관리는 프리섹션 8가지로 할 수 있고, 자기 관리는 고정 섹션 8가지를 통해서 할 수 있다. 나 역시 바인더로 목표 관리와 시간 관리를 했다. 바인더를 사용하기 이전의 나는 목표에 대한 인식이 약한 사람이었다. 다른 사람들의 목표를 따라가거나, 그들이 자신의 목표를 이루는 데 내 시간을 쓰기도 했다. 바인더를 사용하면서 꿈과 목표가 생겨났고, 분명해졌다. 《종이 위의 기적, 쓰면 이루어진다》라는 책이 말한 대로, 종이 위에 시각화하고, 항상 기록한 목표를 보고, 또 외치자 많은 성과가 나타나게 되었다.

이지성 작가의 《꿈꾸는 다락방》에는 R=VD라는 공식이 나온다. 공식이 말하는 바는 생생하게 꿈꾸면 이루어진다는 것이다. 생생하게 꿈꾸라는 것은 자신의 꿈을 종이 위에 쓰고, 외치라는 말이다.

나는 책이 시키는 대로 했다. 하나씩 하나씩 나의 꿈과 목표를 종이 위에 기록하고, 만나는 사람들에게 바인더를 보여주면서 말하곤 했다. 전국을 다니면서 목표 관리와 시간 관리를 가르치는 강사가 되고 싶다고. 대학교에서 강의하는 강사가 되고 싶다고.

'종이 위의 기적'이 일어났다. 꿈이 이루어진 것이다. 대학을 나오지 못했지만 대학에서 강의할 기회들이 생겼고, 전국을 다니면서 강의를 할 수 있게 되었다. 목표를 기록하기 전보다 매출도 3배 이상 늘어났다. 브라이언 트레이시의 책에서도 끊임없이 강조하는 목표 관리의 중요성을 인식한 후로부터 있게 된 변화였다.

바인더의 장점을 다시 한 번 강조해야겠다. 바인더는 나에게 나침반이자 내비게이션과 같은 도구이다. 명확하게 내가 나아갈 방향을 알려주고, 현재 나의 위치와 내가 해야 할 일을 가르쳐준다. 친절한 개인 비서이기도 하다. 인생의 큰 푯대를 세우고, 비서의 도움을 받아 나아가기를 바란다.

벤저민 프랭클린은 말했다.

"삶을 사랑하는가? 그렇다면 시간을 낭비하지 마라. 삶이란 바로 시간으로 이루어져 있기 때문이다."

현대인들의 시간을 잡아먹는 주범들이 둘 있다. SNS와 게임이다. 그런데 이 주범들을 잘만 다스리면 시간 절약의 효과를 볼 수 있다. 우선 게임은 시간을 딱 정해서 그 시간만큼만 한다. 지나치게 몰입하지 않고 적절한 시간 동안만 즐기면 생활의 활력소가 될 수 있다.

SNS는 훨씬 더 생산적인 요소가 강하다. SNS라는 공간에 본인의 글과 홍보 자료 등을 올려보자. 콘텐츠를 소비만 하지 말고 직접 생산자가 되어보는 것이다.

SNS를 비롯해 생산 가치가 있는 네 가지 도구를 소개한다.

① 마인드맵 : 영국의 언론인 토니 부잔의 이론으로 '마음의 지도' 또는 '생각의 지도'로 풀이할 수 있다. 자신의 생각을 지도 그리듯 이미지화하는 작업으로, 사고력을 높이는 데 도움이 된다. 관련 주제에 대해서 체계적으로 정리할 수 있어서 좋다.

② 씽크 와이즈: 디지털 마인드맵 도구이다. 1차적으로는 손으로 마인드맵을 작성한 후, 2차적으로 디지털로 마인드맵을 작성하면 좋다. 디지털 마인드맵 작성의 장점은 스페이스키, 엔터키 단 2개의 버튼을 이용해서 쉽게 마인드맵을 그려나갈 수 있다는 것이다.

③ 에버노트: 에버노트는 모바일과 컴퓨터와 연동이 되는 메모 앱이다. 모바일 에버노트 앱에서 작성한 내용은 클라우드를 통해서 저장이 되고, 언제든지 필요할 때 불러서 볼 수 있다. 나는 2대의 모바일, 2대의 노트북, 아이패드에서 모두 에버노트를 사용하고 있다. 어떤 기기에서 기록한 내용이든지 모든 기기에서 불러와서 볼

수 있고, 키워드만 치면 빠르게 해당 내용을 찾아볼 수 있다.

④ 유튜브 : 1인 미디어 시대의 선두주자이다. 유튜브에 자신의 이야기를 올려서 사람들에게 알린다. 누구나 무료로 영상을 업로드 할 수 있고, 필요한 정보들을 검색해서 공부도 할 수 있다. 요즘에는 포털사이트 대신 유튜브를 통해서 검색하는 경우가 많이 있다. 나도 처음 강의를 시작할 때 유튜뷰의 도움을 정말 많이 받았다. 지금도 유튜브에서 많은 도움을 받고 있다. 유튜브를 나의 대학이라고 소개하고 싶다.

지식의
소비자에서
생산자로

지식의 소비자에서 지식의 생산자로 나아가는 길은 쉽지 않다. 나도 어려움을 많이 겪었다. 나는 페이스북이나 카카오스토리, 네이버 밴드에서 보는 유익한 정보를 다른 곳으로 옮기는 데에만 급급했던 사람이었다. SNS 공간에서 나의 생각을 글로 표현할 줄도 몰랐다. 짧은 글을 쓰더라도 사람들의 시선을 많이 의식했다. 그런 내가 글을 쓰기 시작했다. 책을 읽고 강사라는 꿈을 품은 뒤부터다.

글을 쓰고 있는 요즘은 지식의 소비자에서 생산자가 된 듯한 느낌이 든다. 물론 아직 많이 부족하다. 그래도 꾸준히 노력한다면 사람들에게 도움이 되는 글을 쓸 수 있겠다는 생각이 든다. 내가 주로 쓰는 글은 사람들의 업무 개선에 도움이 될 뿐만 아니라 생산성과 수익 향상에도 영향을 줄 수 있는 정보가 담긴 글이다. 잘 쓰려고 열심히 노력하는 중이다.

독서모임과 에버노트 강의 모습.
강사에게 SNS 마케팅은 선택이 아닌 필수라고 생각한다.
내가 처음 시작한 강의는 습관에 관련한 것이다.
에버노트를 활용한 디지털 기록습관과 3P바인더를 활용
등 결국은 습관을 기록화하고 그것을 잘 활용하는 것으로
영역을 확대해갔다.

나는 2014년부터 SNS 마케팅을 통해서 에버노트 강의 수강생을 모집해왔다. 내가 주로 사용하는 SNS 채널은 다음과 같다.

1. 소모임 앱
2. 페이스북
3. 카카오스토리
4. 네이버 블로그
5. 네이버 키워드 광고
6. 네이버 밴드 및 네이버 카페
7. 카카오 플러스 친구
8. 카카오톡 오픈 채팅방
9. 후기 영상, 후기 블로그 포스팅
10. 유튜브

이 SNS 채널들을 통해서 강의를 홍보했다. 강의 홍보를 위해 글을 열심히 썼다. 다행히 수강생들의 마음을 움직여 매달 강의를 진행할 수 있었다. 서울에서 처음 시작한 강의가 전국으로 번져갔다. SNS 덕분에 나는 '전국구 강사'가 되었다.

강사에게 SNS 마케팅은 선택이 아닌 필수라고 생각한다. 우리의 뇌는 자주 자극을 주면 중요한 정보라고 인식하기 때문인데, SNS 는 현대인들이 가장 '자주' 접하는 '자극제' 아닌가. 나는 전국을 누비는 강사가 되려면 온라인으로 강의 내용을 홍보하는 것이 유효하다고 판단했다. 그래서 온라인 홍보를 위해 SNS 마케팅 관련 책을 읽었다. 강의도 찾아다녔다.

많은 사람들이 사용하는 네이버, 유튜브, 페이스북, 카카오톡 등이 4가지 채널에 대해서 중점적으로 공부했다. 그리고 내가 알고 있는 정보를 이들 채널을 통해 나눠주었다.

내가 처음 시작한 강의는 습관에 관련한 것이다. 기록관리 습관에 대해서 체계적으로 다루고 싶어서 에버노트를 활용한 디지털 기록습관과 3P바인더를 활용한 아날로그 기록 습관에 대한 강의들을 개설했다. 이때 온라인 홍보를 통해 수강생을 모집했다. 처음에는 한 명, 다음에는 두 명이었다. 이렇게 어려움을 겪었지만 경험을 쌓으면서 성장할 수 있었다.

어느 책에서 알리바바의 회장인 마윈의 말을 소개한 것을 보았다. 고객의 불편 속에서 비즈니스를 발견하라는 말이었다. 고객이 불편해하는 것을 해결하면 비즈니스가 된다는 마윈의 마인드가 참 인상적이었다. 나는 나의 고객인 수강생들을 떠올렸다. 당시 나는 아직 전국구 강사가 아니었고, 그래서 강의 대부분을 서울에서 진행하고 있었다. 때문에 지방의 고객들은 서울까지 오는 불편을 감수해야 했다. 차비는 물론 시간도 남보다 더 들여야 했다.

나는 마윈의 말대로 고객의 불편을 해결하기로 마음먹었다. 그 해결책으로 지방에 소그룹 강의를 개설했다. 지금으로부터 3년 전, 대구가 첫 출발점이었다. 처음에는 장소를 구하는 것도 녹록지 않아서 교회의 강의장을 빌려 강의를 진행했다. 태어나서 한 번도 가본 적 없었던 대구. 그 '낯선' 곳에서의 강의는 다행히 성공적이었다.

'그래, 하면 되는구나!'

대구를 다녀오고 나서 자신감이 생겼다. 그다음부터는 일의 진행이 훨씬 수월해졌다. 대구에서 출발한 나는 부산, 창원, 울산, 제주, 포항, 광주, 대전 등의 지역에도 강의를 개설했다. 온라인으로 홍보하고, 모집하고, 강의를 진행했다.

강의를 들으신 분들이 긍정적인 후기를 많이 남겨주었다. 그에 힘입어 강의가 추가로 개설되는 일이 종종 생겨났다. 지금도 나는 강좌 개설, 홍보, 수강생 모집 등을 온라인에 많이 의존한다. 비율을 따지자면 90% 정도다. 나머지 10%는 기존에 수강하신 분들의 소개로 이루어진다.

요즘 나는 지난날의 꿈을 넘어 더 큰 꿈을 바라보고 있다. 한국을 넘어 세계로 다니면서 강의하는 꿈이다. 아직은 막연하기만 하지만 언젠가는 반드시 이룰 것이다.

그래서 영어를 공부하고, 중국어도 공부하고 있다. 외국어 실력은 현재 걸음마 수준이지만, 반드시 이 언어들을 섭렵해 세계를 무대로 강의하고 싶다.

유튜브를 통해서 영어와 중국어로 강의를 하면 분명히 기회가 올 것으로 예상된다. 얼마 전에 만났던 청년이 베트남에서 내가 강의한 영상을 봤다고 했다. 좋은 징조다.

습관의 힘으로
세상을 이기자

    습관은 중요하다. 성공하는 사람들의 성공 습관은 더욱 중요하다. 나는 성공하는 사람들의 습관을 따라 하면 반드시 성공할 수 있다고 믿는다. 브라이언 트레이시는 저서 《백만 불짜리 습관》에서 "심리학과 성공학 분야의 가장 중요한 발견은 당신이 생각하고 느끼고 행동하고 성취하는 모든 것의 95%가 습관의 결과라는 사실이다"라고 했다. 습관의 중요성을 뒷받침하는 증거이다. 여기서 희망을 가져야 한다. 습관은 연습과 반복을 통해서 학습할 수 있기 때문이다.

    하나의 습관을 만들기 위해서는 21일 이상의 반복된 실천이 필요하다. 쉽지만은 않지만 못할 일은 아니다. 한 번 자신만의 습관으로 만들고 나면, 몸에 밴 습관으로 오래 가지고 갈 수 있다.

    나에게는 책을 읽는 습관이 그랬다. 책을 읽는 습관은 내가 만든 습관이다. 어려웠지만 한 번 만들고 나니 지금껏 나를 떠나지 않고 있다. 성공하는 사람들의 습관에 관해 연구하면서 그들에게 공통된 습관들이 있다는 것을 알게 되었다. 그중에 빠지지 않고 등장하는 것이 메모 습관과 독서 습관이다. 이에 나는 독서 습관을 들이기로 마음먹었다.

습관을 만들기에 좋은 방법 중 하나는 사람들과 함께하는 것이다. 의지가 약해질 때마다 같은 습관을 만들기 원하는 사람들에게 힘을 받을 수 있다. 서로가 서로의 습관을 점검해주면서 나아가면 더 빨리, 더 깊게 습관을 들일 수 있다.

반복의 힘은 참으로 크다. 가령 운동에서는 반복의 효력이 금방 나타난다. 처음에는 잘 안 되고 몸에 힘도 들어가지만, 반복할수록 잘되고 몸에 무리도 안 간다. 자동차 운전도 마찬가지다. 처음에는 의식적으로 조심조심 운전하지만, 나중에는 무의식적으로 자연스럽게 운전대를 돌리게 된다. 사람들 앞에서 이야기하는 일도 마찬가지다. 연습을 반복하면 자연스러워질 수 있다.

나는 사람들 앞에서 이야기하는 것을 부끄러워하는 성격이었다. 그래서 혼자 있는 시간을 즐기는 편이었다. 그런데 나의 경험이나 지혜 또는 지식이 누군가의 삶에 조금이나마 영향력을 미칠 수 있다는 사실을 알게 되었다. 그 후로는 사람들에게 내가 알고 있는 정보를 전하기 위해 꾸준히 모임을 만들었다. 강의도 진행했다. 그러다 보니 자연스럽게 사람들 앞에서 이야기할 기회가 많아지게 되었고, 이야기하는 일도 제법 능숙하게 되었다. 기존에는 생각나는 대로 말을 하는 경우가 많았다. 당연히 중언부언할 때가 많았다. 마인드맵을 배우고, 생각을 정리해서 말하는 훈련을 통해 체계적으로 말할 수 있는 능력을 갖출 수 있었다. 물론 아직도 부족한 점이 많다. 부족하기에 작은 것 하나라도 배우고자 열성을 다해 노력하고 있다. 자기계발을 위해서 많은 시간을 투자하고 있다.

나는 글쓰기 습관도 연습과 반복을 통해 길러냈다. 예전에는 글을 쓰기도 전에 '내가 쓴 글을 누가 봐줄까' 걱정부터 했다 사람들의 시선을 의식하다 보니 나의 마음을 온전히 표현한 글을 제대로 쓸 수 없었다. 그래도 자꾸 쓰다 보니 어느새 사람들의 시선을 의식하지 않게 되었다. 그저 나의 살아온 이야기를 조금씩 써내려가다 보니 글을 쓸 수 있었다. 살아오면서 정말 힘들고 어려운 시간이 많이 있었는데, 글을 쓰면서 그 아픔들이 치유가 되는 느낌도 들었다.

요즘 나의 이야기를 솔직하게 글로 써보는 시간을 더 많이 갖고 있다. 내가 쓴 글이 누군가에게 용기와 희망을 줄 수 있다는 믿음으로 쓰고 있다. 꿋꿋하게 글을 쓰면서 나 자신이 어떤 사람이 되어야 하는지를 더 깊이 성찰하고 있다. 그러다 보니 글쓰기가 좋은 습관으로 몸에 배었다. 나도 모르게 나의 글이 책으로 나올 날을 그리며 미소를 짓게 되었다.

나는 대학을 나오지도 않았고, 스펙을 쌓기 위해 해외연수를 다녀오지도 않았다. 현장에서 겪었던 힘든 시간을 발판 삼아 자기계발에 힘썼을 뿐이다. 학력과 스펙이 부실하기에 좋고 유익한 습관을 들이기에 더 열심을 냈다. 미친 듯이 노력했다. 지금도 끊임없이 습관을 만들기 위해 구슬땀을 흘리는 중이다. 결핍이 에너지라는 말을 스스로에게 적용하고 있다. 결핍을 채우기 위해 오늘도 나는 달린다.

새로운
시선을
무기 삼아

나는 중국이란 나라에 대해서 부정적인 시각을 갖고 있었다. 중국은 못사는 나라, 지저분한 나라, 무질서한 나라라고 생각했던 게 사실이다. 한국에서 만난 중국인들에게도 좋은 인상을 받지 못했다. 그들은 시끄럽게 떠드는 사람들로만 보였고, 그래서 거리를 두고 싶었다.

이러한 나의 인식이 바뀌는 계기가 있었다. 김형환 교수님의 상해 캠프였다. 캠프를 통해 중국을 보고 난 뒤 중국에 대해 다시 바라보게 되었다. 우선 한국보다 훨씬 크고 높은 건물들과 다양한 시설들을 보면서 놀랐다. 중국인들은 10~20년 뒤의 미래를 감안하고 건물들을 짓는다는 사실에 감탄사가 나왔다.

상해 캠프 셋째 날 상상락 김종희 대표님의 특강을 들었다.

"아무도 가지 않는 곳으로 가야 기회가 있다. 아무도 하지 않는 것을 해야 한다.”

김종희 대표님의 이 말이 정말 가슴에 와 닿았다. 대표님은 모두가 미국으로 유학을 갈 때 본인은 중국으로 왔다고 한다. '아무도 가지 않는' 중국을 기회로 삼은 것이다. 대표님은 중국에서 창업을 했고 성공을 이루었다.

“지금 중국은 서비스 분야가 발전하고 있어서 서비스 관련 교육도 뜰 것입니다. 따라서 언어는 기본입니다.”

정말 고개가 끄덕여지는 말이었다. 나는 더 열심히 중국어를 공부해야겠다고 다짐했다. 요즘 그 다짐을 실천하며 살고 있다.

캠프를 마치고 한국으로 돌아온 나는 반성했다. 비행기로 1시간 30분만 가면 중국 상해가 있고 정말 많은 사람이 있는데, 좁은 한국 안에서만 무언가를 하려고 발버둥 쳤던 내 모습이 우물 안 개구리 같았다. 중국을 부정적으로만 바라보고 배우는 데 게을리했던 내가 무능한 사람으로 보였다. 세상은 정말 넓고, 정말 많은 사람이 살아가고 있다. 그 속에서 살아가려면 생각의 크기를 키워야 한다. 관점을 더 넓히고 살아야 한다.

한 달에 한 번만이라도 사람들 앞에서 강의하는 게 소원이었던 적이 있었다. 그 소원을 이루기 위해 출근하기 전에 책을 읽고, 점심시간에 책을 읽고, 퇴근 후에도 책을 읽었다. 이동하는 시간에도 MP3 등으로 강의를 들으면서 수첩에 메모하고는 했다. 사람들에게 희망의 메시지를 전하는 동기부여 강사가 되고 싶었다. 그러려면 나부터 희망에 차 있어야 했다. 별다른 희망 없이 살아왔던 나였기에 시각을 바꾸고 관점을 바꾸는 일이 필요했다. 쉬운 일이 아니었다. 그러나 나는 해냈다.

나를 찾아주는 사람이 아무도 없었지만, 강사가 될 수 있다는 희망으로 강의 자료를 하나씩 만들어 나갔다. 처음에는 A4용지 한 장, 그다음에는 PPT 10장. 하나씩 하나씩 강의 자료를 늘려갔다. 나를 불러주는 곳도 없었지만, 강의 홍보 글도 여기저기 썼다. 한 달에 딱 한 번만이라도 강의를 해서 사람들에게 나의 메시지를 전하고 싶었다. 그 열망으로 나는 일어섰다.

지금은 매달 15회에서 25회 정도의 강의를 하고 있다. 강의를 통해서 사람들에게 희망의 메시지를 전하고 있다.

"고등학교도 안 나온 제가, 대학도 안 다닌 제가, 독서와 메모를 통해서 변화하고 성장했습니다. 저보다 똑똑한 여러분들은 더 잘할 수 있습니다!"

나의 희망의 메시지가 널리, 멀리 퍼지기를 소망한다.

chapter **5**

성공을
사랑하는
사람에게

나는 나를
사랑한다

많은 사람들에게 일을 미루는 성향이 있다. 미루고, 미루고, 미루는 일상이 반복될 때가 많다. '실행이 답'이라고도 하는데, 미루면 답을 얻을 수 없다. 왜 미루게 되는 것일까?

첫째, 너무 완벽하게 일을 처리하려고 하기 때문이다.
다 갖춰지지 않으면 시작조차 하지 않으려는 사람이 많다. 다소 부족한 부분이 있더라도 일단 시작하는 것이 중요하다. 완벽하게 갖추고 시작할 수 있는 사람은 드물다.

둘째, 미움 받을 용기가 부족하기 때문이다.
다른 사람들이 나쁘게 평가할까 두려워하면 어떤 일이든 선뜻 착수하기 어려워진다. 세상에는 세 종류의 사람이 존재한다고 한다. '내가 태어나기 전부터 나를 미워하는 사람', '나에게 관심이 없는 사람', '나를 열렬히 응원해주는 사람'. 그렇다면 나를 응원해주는 사람을 바라보고 달려가면 되지 않을까? 가능하다면 그들과 함께하면 되지 않을까?

내가 강사 일을 처음 시작한 때는 5년 전이었다. 강사를 하려고 마음먹었지만 막연한 두려움이 앞서서 강의 홍보를 하지 못했었다.

'나라는 사람이 사람들 앞에서 강의할 수 있을까? 내가 강의하면 사람들이 이상하게 생각하지 않을까?'

이런 걱정과 두려움에 강의 홍보문 하나 올리는 것조차 떨리고 힘들었다. 미움 받을 용기가 부족했던 것이다. 그래도 용기를 내서 도전했다. 처음으로 강의 공지문을 만들어서 올렸다. 다행히 첫 강의에 10여 명이 참석했다. 단 한 번이 어려웠다. 한 번 하고 나니 미움 받을 용기가 솟아났다. 두 번째부터는 크게 어렵지 않았다.

나의 첫 강의의 주제는 '습관'이었다. 소모임 앱에서 수강생을 모집해 4주 동안 습관에 관한 강의를 했다. 처음 하는 강의라서 많이 부족했지만, 하나라도 더 알려드리기 위해서, 하나라도 더 나누기 위해서 고민하고 노력했다. 진심은 통한다고 했던가? 나의 고민과 노력을 알아준 수강생들 덕분에 첫 강의는 성공적으로 끝이 났다.

첫 강의로 자신감을 얻은 나는 꿈, 기록, 시간 관리 등에 대한 강의 자료를 만들어나갔다. 만드는 방법은 특별할 게 없었다. 책을 읽고, 관련 강의를 찾아 듣고, 이것들에서 얻은 정보에 나의 사례를

버무렸을 뿐이다. 처음에 만든 강의 자료는 A4용지 한 장에 불과했다. 그것이 100페이지가 넘는 강의 교재로 변신했다. 10장 미만의 프레젠테이션 자료가 200장이 넘는 교재로 발전하기도 했다. 강의를 하면서 끊임없이 강의 자료를 수정하고 보완했다. 처음부터 완벽하게 만들었던 것이 아니다. 실행하면서 수정해나갔다. 즉 모든 것이 갖춰진 상황에서 시작한 것이 아니다. 부족한 상태에서 시작했다. 부족한 점들을 채워나가며 나는 성장할 수 있었다. 다른 사람들에게도 선한 영향력을 미칠 수 있었다.

사실 나는 굉장히 부정적인 사람이었다. 안 된다는 말을 입에 달고 살았다. 책을 읽으면서 의식이 확장되며 생각이 달라지고, 마음가짐도 달라졌다. 많은 사람이 독서를 통해 바뀌었다는 이야기를 들으니 나도 내 삶을 바꾸고 싶었다. 책을 통해 나보다 더 큰 고난을 겪은 수많은 사람을 보게 되니 현재의 힘들고 어려운 상황은 잊게 되었다. 마음에 긍정이 싹트기 시작했다.

나는 아직 많이 부족하다. 하지만 다른 사람의 성공을 돕는 코치가 되고 싶은 꿈이 있다. 다른 사람의 성공을 돕기 위해 더 부단히 노력하고, 공부하고 있다. 잠도 줄이고, 시간 관리도 하면서 애쓰고 있다. 사람마다 가치관이 다르고, 중요하게 생각하는 것이 다르다. 나는 코치의 역할에 가치를 둔다. 다른 사람의 성공을 돕는 일에 집중하다 보면 수익도 따라서 올 것이라는 확신도 있다. 떼돈을 번다는 확신이 아니라 기본 생계는 보장받을 수 있다는 확신이다. 코치의 꿈을 이루기 위해 미움 받을 용기로 나아가려 한다.

　꿈을 이루기 위해 나는 나를 사랑해주고 있다. 오랜 세월 나는 나를 사랑하지 않았다. 아침에 일어나면 스스로에게 욕을 내뱉곤 했다. "이렇게밖에 못 살아?" 하며 꾸짖었다. 나 자신이 너무나 싫었다. 학력도, 직업도, 월급도, 나의 외모도 모든 게 못마땅했다.

　나 자신을 사랑하는 법을 몰랐다. 그런데 어느 책에서 "나는 나를 사랑한다"라고 반복해서 외치라고 했다. 어색하지만 책에 나온 대로 실천을 해보았다. 반복해서 외쳤다. 그러자 나의 내면에서 변화가 일어나기 시작했다. 완벽하지 않고 부족하기만 한 자신에게 사랑을 쏟아야 한다는 속삭임이 들렸다. 매일 아침 거울을 보면서 사랑한다고 외쳤다. 이동하면서도 나에게 사랑을 속삭였다. 그 일을 반복하자 내 안의 잠재된 능력이 조금씩 나타나기 시작했다. 매일 새로운 아이디어가 떠오르고, 이해력이 높아지고, 표정도 밝아지기 시작했다. 이제 나는 그 사랑을 소중하게 지켜가려 한다.

나를 위한 투자,
마법 같은 결과

사람들은 말한다. 좋아하는 것을 하라고, 좋아하는 것을 하다 보면 성과가 나타난다고 한다. 어떤 사람들은 좋아하는 것보다는 잘하는 것을 먼저 하라고 한다. 잘하는 것을 해서 돈을 번 후에 좋아하는 일을 하라고도 얘기한다. 중요한 것은 무언가를 '한다'는 것이다. 도전한다는 것이다.

나는 스물아홉 살 때까지 내가 무엇을 좋아하는지, 무엇을 잘하는지 알지 못했다. 꿈과 목표 없이 하루하루를 살아갔다. 어느 날 책 한 권을 시작으로 조금씩 나에 대해 눈을 뜰 수 있었다. 자기계발 서적들을 읽으면서 나를 만날 수 있었다.

나의 가슴에 와 닿는 문장들과 설렘을 가져오는 글들을 끊임없이 메모하고 되새기면서 나를 발견할 수 있었다. 내가 좋아하는 것은 무엇인지, 잘하는 것은 무엇인지 알 수 있었다. 책은 내게 선명한 거울과도 같았다.

많은 사람이 진로에 관한 고민으로 나를 찾아온다. 그러면 나는 늘 독서와 기록을 강조한다. 돈을 많이 벌고 싶고, 더 성공하고 싶다고 말하는 사람에게 독서와 메모하는 습관을 제안하면, 뻔한 이야기라고 치부해버리는 경우가 종종 있다. 그러나 뻔한 이야기가 아니다. 나는 불과 5년 만에 독서와 기록을 통해 많은 삶의 변화를 일구었다. 성공한 사람들의 성공 습관과 행동 패턴을 기록하고 분석하면서 나를 바꾸어 나갈 수 있었다. 내 안에 감춰진 재능과 능력을 발견할 수 있었다.

누구나 자신의 내면에 감춰진 보석이 있다고 한다. 그 보석을 발견할 수 있는 가장 좋은 방법은 독서와 메모라고 생각한다. 독서를 하면 자신의 현재 모습을 보게 되고, 메모를 하면 자신을 객관적으로 보게 된다.

진로에 관한 고민의 해결책으로 또 제안하는 바는 자신에게 투자하라는 것이다. 돈을 써야 할 타이밍에서는 주저하지 말고 쓸 줄 아는 지혜가 필요하다. 특히 이십대와 삼십대에는 저축도 중요하지만 그보다 경험과 공부에 투자하기를 권한다.

나는 배움을 위해서 끊임없이 투자하고 있다. 대학 문턱에도 못 가본 고등학교 중퇴자니까 더 배워야 한다는 생각을 항상 가지고 살아간다. 학교를 그만두지 않았다면, 평범하게 고등학교 졸업하고, 대학교 나오고, 일반 회사에 취직하는 길을 걸었다면, 이렇게까지 치열하게 나 자신에게 투자하면서 살아가지는 못했을 것 같다.

불과 몇 년 전만 해도 나는 시급 6,000원에서 7,000원을 받으면서 배달과 청소를 했었다. 책 한 권을 사는 비용이 솔직히 아까웠고, 버거웠다. 그래서 새벽 청소를 하던 치과의 대기실에 있던 책들을 몰래 읽고는 했다. 배달 중에는 무료 강연들을 찾아 MP3로 듣고는 했다.

한 달에 100만 원도 벌지 못하는 아르바이트생으로서 1만 원 이상 가는 책을 사는 것이 사치라고 생각되었다. 30만 원이 넘는 강의를 듣는 것은 도저히 감당할 수 없는 큰 부담이었다. 300만 원에 이르는 강사 과정 수업료는 큰 산처럼 느껴졌다. 그래도 최소한의 투자는 안 할 수가 없었다. 나는 중고서점의 문을 두드렸다. 그곳에서 저렴한 책들을 구입해서 읽었다. 그런데 많은 책들이 자신의 몸값을 올리는 일에 투자하라고 하나같이 이야기하고 있었다. 그래서 과감하게 투자를 늘리기로 결심했다. 다른 지출을 줄이고, 책을 사는 데, 강의를 듣는 데 지출을 높이기 시작했다. 지출이 아닌 투자라고 생각하니, 버겁지만 아깝지 않았다.

마법 같은 일이 일어났다. 책을 사고, 강의를 들으면서 내가 발전했다. 나도 강의를 할 수준이 되면서 강사료를 벌 수 있게 된 것이다. 평일에 배달하고, 주말에 한 번 강의하는 정도였지만 점차 강의도 늘어나고 강사료도 올라가게 되었다. 5년 전과 비교하면 지금은 수입이 10배나 올랐다. 나 자신을 위해 투자하면 반드시 결과로 돌아온다는 것에 대해 확신하게 되었다. 2018년 12월에는 그 한 달

동안에만 600만 원 이상의 돈을 투자해서 새로운 강의들을 들었다. 배움을 통해서 성장한다는 것을 확신하기에 과감한 투자를 할 수 있었다. 내가 배운 만큼 더 많은 사람들에게 더 좋은 콘텐츠로 다가 갈 수 있다. 틀림없는 사실이다.

누적의 힘
그리고
거리 두기

강의를 처음 시작하면서 나 자신과 약속한 것이 있다.

'매주 강의를 열자.'

나와의 약속을 지키기 위해 한 명이 오든, 두 명이 오든 매주 주말마다 강의를 열었다. 초기에는 한 명도 오지 않아서 폐강한 적도 있었다. 그때의 실망감은 솔직히 컸다. 하지만 쓴 경험이라고 생각하면서, 무엇이든 계속해서 누적시키는 것이 중요하다고 생각하면서 실망감을 이겨냈다. 나는 누적의 힘을 믿었고, 누적은 역시 힘이 있었다. 강의를 이어나가고, 강의를 들은 분들이 많아질수록 나를 믿고 응원해주는 분들이 많아지게 되었다. 덕분에 나는 강사의 삶을 살 수 있었다.

누적의 힘으로 더욱 알차고 체계적인 강의를 할 수 있었다. 강의 교재 분량도 점점 늘어갔고, 30분 정도 분량의 강의가 4주 이상의 커리큘럼으로 변모하기도 했다. 강의를 진행하면서 끊임없이 개선

점을 찾으려 노력도 했다. 책상에 앉아서 궁리만 한 게 아니라 다른 강의를 찾아듣고 책을 읽으면서 개선 방향을 찾았다. 그 결과 나의 강의를 지속적으로 업그레이드할 수 있었다.

글쓰기에서도 누적의 힘은 발휘된다. 메모가 쌓이니까 자연스럽게 쓰고 싶은 글이 많아지고 쓸 수 있는 글도 많아지게 되었다. 수중에 돈이 들어오면 쓰고 싶은 마음도 생기고 쓸 수 있는 곳도 많아지는 현상과 비교할 수 있을까? 여하튼 강의로만 풀어냈던 이야기들을 글로 풀어내는 것도 나에게는 즐거움이었다. 하지만 아직 글솜씨는 많이 부족한 편이다. 이것 역시 누적이 해결해주리라 믿고 있다. 그 믿음으로 조금씩 글을 쓰는 노력을 하고 있다.

누적의 힘을 믿고 끊임없이 앞으로 나아가는 것은 물론 중요하다. 그런데 잠시 행진을 멈추고 한 발짝 물러서는 일도 그에 못지않게 중요하다. 과감하게 자기 자신에게서 물러서는 것이다. 이따금 '나에게 거리 두기'를 실천하는 것이다. 거리 두기의 가치는 내가 김형환 교수님의 '10분 경영'이라는 강의를 들으면서 깨달은 점이다. 혹시 상점을 운영하고 있는가? 그렇다면 길 건너에서 상점을 한번 바라볼 필요가 있다. 높은 건물 옥상에서, 하늘에서, 우주에서 바라보려는 시도를 해보기 바란다.

얼마 전 서유럽에 다녀왔다. 그 '먼 거리'에서 나는 한국을 제대로 바라볼 수 있었다. 나의 고국에 대해서 다시 생각하게 되었다.

유럽과 미국에서.

거리를 두고 바라볼 때 참된 것, 새 것을 발견할 수 있다.

한 발짝 물러서는 일도 그에 못지않게 중요하다.

과감하게 자기 자신에게서 물러서는 것이다.

이따금 '나에게 거리 두기'를 실천하는 것이다.

그 거리 두기의 시작은 여행을 통해서 였다.

밖에서 나를 보기, 그리고 다른 나라에서 한국을 보기.

그것을 통해 진짜 나와 내가 처한 환경을 보게 되었다.

진짜로 한국만큼 살기 좋은 곳이 없다는 결론을 얻었다. 그동안 나는 해외 선진국에 가면 정말 모든 것이 좋을 것이라는 막연한 로망을 갖고 있었다. 이 오래된 로망은 10박 11일 동안 한국을 떠나 생활하면서 거품처럼 쓰러졌다. 음식부터가 한국이 최고였다. 식당에서 반찬을 무료로 리필해주는 것, 물을 마음대로 먹을 수 있는 것도 한국만의 장점이었다. 한국의 빠른 인터넷, 신식 도로, 편리한 집도 유럽에 있으니 훤히 보였다. 한국에서만 살다가 해외에 나가 보니 진짜 한국을 볼 수 있었다.

한국을 떠나 유럽에서 한국을 바라본 것처럼, 자기 자신에게 떠나 스스로를 바라보기 바란다. 많은 것이 보일 것이다. '참 나'가 보일 것이다.

내가 다른 강의를 열심히 듣는 것은 나의 강의를 돌아보기 위함이다. 강사로서의 나, 강사로서의 '참 나'를 제대로 보고 싶어서다. 매일 강의를 할 때는 나의 강의에 대해서 돌아보는 시간을 많이 갖지 못했다. 거리 두기를 하지 않았더니, 스스로 강의를 잘한다는 만족에 빠져 있었다. 잠시 거리를 두고 나를 바라보니, 내가 보였다. 말의 속도, 강의 교재 등 여러 가지가 문제였다.

거리를 두고 바라볼 때 참된 것, 새 것을 발견할 수 있다. 성공을 꿈꾼다면 꼭 거리 두기를 실천하기 바란다.

사장님의
마인드로 일하는
아르바이트생

하나를 보면 열을 안다고 했던가. 될성부른 나무는 떡잎부터 알아본다는 말도 있다. 어떤 일을 대하는 태도를 보면, 그 사람을 알수가 있다. 일할 때 대충대충 시간 보내기 식으로 정말 마지못해서하는 사람을 보게 된다. 그런 사람이 성공할 수 있을지 의문이다.

장사가 잘되는 식당에 가면 일하는 사람들의 태도부터가 다르다. 먼저 인사성이 밝다. 손님이 오면 밝게 인사하고, 다른 일들보다 손님에게 집중한다. 안 되는 식당은 그 반대다. 손님보다는 다른 업무에만 집중한다. 작은 것만 보아도 전체가 보이게 된다.

또한 직원과 사장님의 경우 일하는 모습이 다르기도 하다. 아무래도 '주인 의식'이 사장님에 비해 부족할 수 있는 직원들은 일할때 요령을 피우기도 한다. 그러나 사장님들 중에는 일을 대강하는사람이 드물다. 사장님이 사장님인 것에는 다 이유가 있는 것이다.

나는 배달 아르바이트를 할 때 항상 사장님의 마인드로 임했다. 어릴 때부터 부모님에게 성실과 정직을 배운 덕이었다. 내가 몸이 아파 하루라도 결근을 하거나 지각을 하려고 하면, 어머니는 남의 일을 하면서 그렇게 하면 안 된다고 말씀하셨다. 남의 일을 내 일처럼 완벽하게 해줘야 한다고 가르치셨다. 나는 그 가르침을 따랐다. 아르바이트생이면서도 직원보다 열심히 일했다. 사장님은 그런 나를 눈여겨보고는 고등학교 검정고시 학원비를 보태주기도 했다.

나는 여러 가지 아르바이트를 했고, 많은 사람을 겪었다. 정말 아르바이트비 받는 만큼만 일하는 사람이 있는가 하면, 다른 사람을 도우면서 일하는 사람도 있었다. 사장님처럼 주인의식을 가지고 열심히 하는 사람도 보았다. 대부분이 본인이 받는 임금만큼만 일하는 것이 인지상정인데, 이런 현실 속에서 열심히 일하는 사람은 빛이 났다.

유명 패스트푸드 업체인 맥도날드에서 배달하던 시절이었다. 나는 그 누구보다 열심히 배달했고, 다른 배달 아르바이트생은 물론 배달 직원들도 하지 않는 청소까지 했다. 그 모습을 지켜본 매니저님이 내게 매니저 교육을 받아볼 것을 제안했다. 평생 배달만 하면서 살 수는 없지 않겠냐고 하면서 진심으로 나를 생각해주었다.

나는 매니저님의 마음씀씀이가 고마워 맥도날드 근무 3개월 만에 매니저 교육을 받기로 했다. 하지만 개인 사정으로 계속 교육을 받지는 못했다. 그래도 그 교육을 통해 체계적인 교육 시스템, 매뉴얼 시스템 등에 대해서 배울 수 있었다. 그 당시 맥도날드에서 배운 것들은 지금의 강사 생활에도 많은 도움이 된다. 세계적인 기업은 역시 남다른 점이 있었다.

맥도날드 아르바이트생은 4대 보험을 보장받을 수 있었다. 아르바이트생 신분이었던 나는 고용노동부를 통해 재직자 과정 내일배움카드를 발급받았다. 그리고 주말 아르바이트 시간을 빼서 10주간 교육을 받았다. 강사 양성 전문학원에서 마술, 프레젠테이션 기법, 논리적 사고 스킬 등 강의하는 데 도움이 되는 기술을 익혔다. 그 시절의 배움이 지금까지도 큰 도움이 되고 있다.

직업은 배달부였지만, 꿈은 강사였다. 그래서 계속 꿈을 향해 달려갔다. 먼저 강사 명함을 만들었다. 분명한 목표를 시각화하기 위해서 큰 우드록 보드를 사서 벽에 붙이고, 나의 꿈과 관련한 이미지들을 스크랩해서 압정으로 우드록 보드에 고정했다.

명확한 목표가 생기다 보니 쉬는 시간도 헛되이 보낼 수가 없었다. 30분 식사 시간에도 식사를 간단히 하고는 독서를 했다. 책에 밑줄을 그어가면서 정말 열심히 책을 읽고 또 읽었다. 출근 전에도 일찍 일어나서 독서를 하고, 퇴근하고도 강남에 있는 교보문고, 알라딘, 역삼 도서관에 가서 독서를 했다. 책을 읽는 나를 사람들은 신기하게 생각했다. 보통은 동료들과 이야기 나누거나, 잠깐 눈을 붙이면서 쉬는 시간을 보내는데, 끊임없이 독서만 하는 내가 독특해 보였던 것이다.

평생 배달만 하면서 살고 싶지는 않았다. 강사 교육을 들으면서 강의를 직접 하고 싶다는 마음이 더욱 커지게 되었다. 그래서 주말마다 스터디 룸을 빌려 1만 원짜리 강좌들을 해보기 시작했다. 〈소모임〉이라는 앱에 공지를 올리면 관심 있는 사람들이 3~4명씩 모이고는 했다. 처음 하는 일이라 많이 부족했다. 그래도 매일 책을 읽고, 다른 사람의 강의도 들으면서 강의 교재를 개선해 나갔다. 한 주도 쉬지 않고 매주 강의를 열었다.

명확한 목표가 생기니 세상이 달라 보였다. 모든 것이 강의 소스가 되었다. 책의 좋은 문구, 방송 멘트, 인터넷 정보 등을 바로바로 〈에버노트〉 앱에 기록하며 수집해 나갔다. 에버노트에 수집한 정보들이 쌓이고 쌓여서 콘텐츠들이 만들어지기 시작했다. 콘텐츠가 쌓이자 강의에 자신감이 붙었다. 처음에는 사람들 앞에 서는 것조차 무섭고 떨렸는데, 오랜 시간 공들여 만든 콘텐츠들이 그 떨림을 지워버렸다.

지금은 사람들 앞에 서는 것이 즐겁다. 내가 좋아하는 일을 하면서 수익까지 얻다 보니 더욱 즐겁다. 주인의식도 더 강해졌고, 일하는 태도도 한결 성실해졌다. 작은 땀방울, 꾸준한 노력은 역시 삶의 변화를 만들어낸다. 나는 그 힘을 믿는다.

이제는 더 많은 사람에게 선한 영향력을 미치고 싶다. 그래서 강사를 양성하는 강사가 되고 싶다. 나의 지식과 경험으로 강사를 꿈꾸는 이들에게 기회를 선물하고 싶다. 노력하면 될 것이다. 그 믿음으로 나는 땀 흘릴 것이다.

소명으로 시작하고
소명으로 살아가라

내 목표는 명확하고 구체적이었다.

명확한 목표는 하나의 나침반과 같다. 성능이 뛰어난 내비게이션과 같다. 분명한 목적이 있으면 방향을 헷갈리지 않는다. 속도를 내서 갈 수가 있다.

많은 사람이 방향을 잃고 헤매는 모습을, 혹은 그저 다른 사람이 가는 방향으로 따라가는 모습을 종종 보게 된다. '나만의 방향'을 찾아야 한다. 자신의 마음에서 들리는 소리를 들어야 한다. 내면의 소리에 귀를 기울이고, 자신이 진짜 원하는 것을 찾아보고, 그곳을 향해서 한 걸음씩 나아가는 삶을 살아야 한다.

명확하고 구체적인 목표를 가지고 있지만 나에게도 포기하고 싶은 순간이 있다. 더 변화하고 싶은데, 더 잘하고 싶은데 마음처럼 잘되지 않을 때 그렇다. 이때는 정말 강의를 그만두고 싶어진다. 매일 같은 강의를 하는 나 자신이 싫어진다. 내가 앵무새처럼 느껴지고, 녹음테이프처럼 느껴진다. 강의를 팔기 위해 장사하는 사람으로 보이기까지 한다.

사실 고통스러운 시간들이 적지 않았다. 최선을 다해 강의했는데, 최악의 피드백이 나오는 바람에 일주일 넘게 앓아누운 적도 있었다. 기업 교육 담당자와 이야기를 나누고 진행했던 교육이 본사 담당자와 협의가 되지 않아 교육비를 한 푼도 받지 못한 적도 있었다. 나의 강의를 정규 강의로 진행하자고 했다가 아무 설명 없이 백지화시킨 대학교도 있었다. 어떤 교육업체는 내 프로필이 맘에 들지 않는다고 강의를 취소하기도 했었다. 내 강의를 한 번도 들어본 적 없는 어떤 강사는, 박현근 강사는 자기 콘텐츠도 없이 짜깁기 강의만 한다는 거짓 소문을 퍼뜨렸다. 그 소리를 듣고 며칠 동안 속상해서 의기소침해지기도 했다.

이러한 고통들이 찾아올 때 모든 것을 다 내려놓고 싶은 마음이 들기도 한다. 하지만 나의 소명을 되새기며 다시 일어난다. 나는, 단 한 사람이라도 내 강의를 듣고 삶에 도움이 되었으면 하는 바람에서 강의를 시작했다. 한 사람을 위한 도움, 그것이 강사 박현근의 소명이다. 소명을 다하기 전에는 어떤 어려움이 닥쳐도 포기해서는 안 된다. 나는 아픔을 겪더라도 소명을 위해 다시금 최선을 다해 강의를 준비한다. 한 사람 한 사람을 위해서 노력한다. 오늘 강의가 내 삶의 마지막 강의라는 생각으로 모든 것을 쏟아붓는다. 그리고 고통에게 말한다.

"너는 나에게 상처를 줄 수 없다."

아무리 노력하고 준비해도 성과가 금방 나오지 않을 때가 있다. 내가 경험했다. 불과 몇 년 전 강의를 처음 시작할 무렵 그랬다. 나는 최선을 다해서 강의 준비를 했는데도 강의를 신청하는 사람이 한 명도 없어서 폐강된 적이 많았다. 10명이 신청할 것을 기대해서 10인실 강의장을 대관했는데, 달랑 1명만 온 적도 있었다. 그래도 나는 포기하지 않고, 매주 강의를 열었다. 당장 성과가 없었지만 전국을 누비는 강사가 되겠다는 목표를 세웠기 때문에 그 목표를 향해서 달려갔다. 수강생 모집이 안 되는 이유를 찾기 위해서 미친 듯이 책을 읽었다. 마케팅 관련 교육을 수없이 듣고, 많은 선배 강사들을 찾아다니며 배웠다. 그리고 책에서 배운 내용, 강의에서 배운 내용, 선배 강사들을 통해서 배운 내용을 실천하기 위해서 노력했다. 단 한 명의 수강생이 와도 최선을 다해서 강의했다. 수강생의 필요에 맞게 강의 주제를 수시로 변경하고, 수강생이 원하는 점을 채워주기 위해 부지런히 연구했다. 진심으로 강의했다. 그러자 성과가 조금씩 나타나기 시작했다. 한 명 한 명 수강생이 늘어나게 되었다. 급기야 시간당 3만 원도 받기 힘들었던 강사료가 10배 넘게 올랐다.

항상 초심을 잃지 않기 위해, 소명을 잊지 않기 위해 스스로를 다그치고 있다. 배고프고 힘들었던 그 시간을 잊는다면 아마도 나는 성장을 멈출 것이다.

혹시 지금 어떤 일을 도모하고 있는가? 그렇다면 소명을 깊이 새기기 바란다. 그 초심으로 부단히 밀고 나가기를 부탁한다. 느릴지라도 거북이처럼 끝까지 목표를 향해서 나아가면 승리를 거머쥘 수 있다. 나는 그것을 믿는다.

관점의 차이가
부르는
결과의 차이

연기 학원에 등록했다. 배우가 되고 싶어서는 아니고 좋은 강사가 되고 싶어서다. 나는 항상 내 강의 스타일에 불만이 있었다. 더 재미있고, 더 쉽고, 더 자세하게 설명하고 싶었는데, 그게 잘 안 됐다. 한층 생동감 있는 강의를 하고 싶었는데, 쉽지 않았다.

스피치 학원을 알아보던 차에 지인의 권유로 연기 학원에 다니게 되었다. 첫 주에는 끊어 읽기와 강의 자세에 대해서 배웠고, 2주차에는 호흡과 발성에 대해서 배웠다. 배우면서 새로운 사실을 알게 되었다. 나는 마이크를 사용하지 않고 강의를 할 때면 등이 몹시 아프곤 했는데, 그 이유를 확실히 알게 되었다. 말을 할 때 제대로 된 발성을 하지 않아서, 나도 모르게 등 근육을 많이 사용한 탓이었다.

좋은 강사가 되기 위해서 학원에 다니라면 열에 아홉은 스피치 학원에 등록할 것이다. 그것이 보편적인 관점이다. 나도 보편적인 관점에 따라 스피치 학원을 먼저 떠올렸었다. 그러다 지인의 권유로 관점에 변화를 일으켰다. 그 변화는 성공적이었다. 등이 아픈 원인을 알아냈으니 말이다.

　같은 사건을 보고 어떻게 생각하느냐에 따라서 결과의 차이가 생긴다. 같은 사건을 보고 긍정적인 사고를 하느냐, 부정적인 사고를 하느냐에 따라서 결과가 달라진다. 관점에 따라 기분도 달라진다. 관점을 바꾸는 데 가장 큰 도움이 되는 것이 바로 독서이다. 독서를 통해서 관점을 바꿀 수 있다. 성공하는 사람들의 관점을 통해서 나의 관점 또한 바뀌나갈 수 있다. 관점이 바뀌면 세상이 다르게 보인다. 성공자의 관점으로 세상을 바라보게 된다.

　독서를 통해 성공하는 사람들의 관점을 보지 못했다면 나는 아마 지금처럼 살지 못했을 것이다. 다양한 관점과 넓은 시각을 가지는 것은 미래 사회에서 빼놓을 수 없는 중요한 과제이다. 소위 꼰대라고 불리는 사람들의 문제가 바로 자기 관점에서 벗어나지 못한다는 것이다. 단순히 나이가 많다고 꼰대가 아니다. 이십대, 삼십대이면서도 꼰대 소리를 듣는 사람들이 있다. 관점이 꽉 막혀 있기 때문이다. 꽉 막힌 관점을 갖고 있다면 성공은 멀어질 따름이다. 노력과 열정으로 현재 어느 정도 성과를 거두었을지라도 더 큰 성공은 기대하기 어렵다.

나는 관점을 넓히기 위해 많은 노력을 기울였다. 스스로 프로가 되기 위해서 많은 강의를 듣고, 책을 읽고, 자기 관리를 해나갔다. 지금도 그렇게 살아가고 있다. 직장생활을 선택하지 않은 것도 관점을 바꾼 결과이다. 같은 시간에 출근하고, 같은 시간에 점심을 먹고, 같은 시간에 퇴근하고, 같은 날짜에 휴가를 떠나는 틀에 갇힌 직장생활이 싫었다. 스스로 삶을 개척해나간다는 희열을 맛볼 수 있는 자유로운 일을 하고 싶었다. 정해진 월급을 받으면서 살기보다는 내가 하는 만큼 보수를 받는 일을 하고 싶었다.

힘들었던 시간이 결국에는 나의 성장의 밑거름되었다. 힘든 것에서 벗어나려면 관점의 변화가 필요했고, 나는 그것을 해냈다. 그런 내가 대견하다.

오늘도 밤늦은 시간까지 사무실에서 공부하고, 독서하고, 글을 쓴다. 나의 일에 포로가 되어서가 아니다. 프로의 삶을 살기 위해서이다. 프로는 다양한 관점을 갖춰야 한다. 관점은 사람의 미래를 송두리째 바꿀 수도 있다. 나는 그것을 잘 알기에 '오늘도 밤늦은 시간까지' 사무실에 머물러 있는 것이다.

성공하는
사람들의
공통점

　나는 자라면서 어머니에게 많은 것을 보고 배웠다. 그중 가장 강력하게 영향을 미친 것은 바로 어머니의 나눔 정신이다. 우리 집은 넉넉한 형편이 아니었다. 그런데도 어머니는 솔선수범해서 나눔을 실천했다. 음식을 할 때는 두 배 많이 해서 이웃에게 나눠주고, 무엇을 사든지 더 많이 사서 사람들에게 나눠주었다. 우리보다 더 형편이 어려운 이웃들에게 아낌없이 나누었다.

　내가 어릴 때 어머니는 붕어빵 장사를 했다. 붕어빵 5개를 천 원에 팔아야 약간의 이익을 남길 수 있었다. 그런데 어머니는 걸핏하면 손님에게 6개, 7개씩 넣어서 주곤 했다. 그러다 보니 수익을 남기지 못하고 손해를 볼 때가 많았다. 어린 나는 그런 어머니가 바보같이 보였다. 훗날 어른이 되고 나서야 어머니를 이해할 수 있었다. 나눔을 실천하며 살아온 어머니는 인생의 성공자였다.

성공하는 사람들의 공통점은 나눔 정신이 투철하다는 것이다. 성공한 강사들의 강의를 들어보면, '나눔'이 드러난다. 그들은 강의 시간이 다 되어도 하나라도 더 알려주려고 애쓰는 모습을 보였다. 끊임없이 자료를 제공해주고, 좋은 정보를 알려주었다.

반면 어떤 강사들은 사진 촬영이나 녹음을 못 하게 할 뿐만 아니라, 자료 하나 주는 것도 꺼려했다. 질문을 해도, 다른 고액 과정 수업에 수강해야만 알려준다고 하면서 대답을 피했다. 강의 시간 이후에 질문을 하면, 시간이 없다고 하면서 불편한 기색을 보였다. 바쁜 시간을 쪼개서 하나라도 더 알려주려고 노력하는 성공 강사들과는 그 모습이 판이하게 달랐다.

나는 강사로서 나름 나눔을 실천하고 있다. 스마트폰과 삼각대를 가지고 강의 영상을 촬영해서 유튜브에 올린다. 무료 소책자를 만들어서 사람들에게 나눠준다. 블로그에 좋은 정보들을 계속 쓰기도 한다. 밴드, 카페, 카카오톡 오픈 채팅방 등에서 사람들과 교류하며 정보를 나눠준다 "배워서 남 주자"라는 정신으로 하고 있는 것이다.

어머니는 부지런했다. 해야 할 일을 미루는 법 없이 그때그때 실행했다. 성공한 사람들이 그러하다. 실행력이 정말 강하다. 완벽하게 갖추어지지 않은 상태여도 실행을 한다. 부족한 점을 채워가면서, 실패를 본보기 삼아가면서 일을 추진한다. 반면 일반적인 사람들은 이 핑계 저 핑계로 시작을 미루기만 할 뿐이다.

《지금의 조건에서부터 시작하는 힘》이란 책이 있다. 이 책은, 완벽하지 않더라도 지금의 갖춰진 환경과 조건 속에서 실행하라고 가르친다. 실행하면서 부족한 부분을 채워나가면 된다고 강조한다. 나는 이에 동의한다.

3년 전 유튜브를 시작할 무렵 나는 나의 '완벽하지 않음'을 몹시 걱정했었다. '사람들이 나를 미워하면 어떡할까? 나를 저평가하면 어떡할까?' 하는 두려움에 시작을 하지 못했었다. 《미움받을 용기》라는 책을 읽고 용기를 가지기로 했다. 《너는 나에게 상처를 줄 수 없다》라는 책을 읽고 사람들의 평가를 두려워하지 않기로 했다. 나 자신을 사랑하기로 했다.

결국 나는 '완벽하지 않은' 상태에서 유튜브를 시작했다. 조금 더 용기를 낸 것이다. 그런데 뜻밖에 좋은 결과가 나왔다. 6만 건 이상의 조회 수를 기록했고, 1,400명이 넘는 구독자가 생겨났다. 한층 더 용기가 생겼다. '완벽하지 않은' 것들을 보완할 수 있는 기술과 지혜도 생겨났다. 나는 부족한 것을 메워가면서 계속 성장할 수 있었다.

누구나 자기 안에 보물을 갖고 있다. 지식, 지혜, 생각, 관점, 가치관 등이 바로 그것이다. 그런데 이 보물은 혼자만 간직하고 있으면 어느 순간 가치가 사라진다. 쓸모없어진다. 그 보물을 나눠야 한다. 보물은 드러낼수록 더 빛이 나기 마련이다. 나눔으로써 드러내야 한다.

아울러 그 보물을 바탕으로 도전하기를 바란다. 아직은 그 보물의 가치가 낮더라도 도전을 통해 얼마든지 높일 수 있다. 가지고 있는 보물마저 잃을까 두려워서 가만히 있는다면 성공은 없다. 성공한 사람들이 그것을 증명한다.

적용하기 위한
요약

◑ 바인더

바인더라는 하나의 도구를 가지고 업무 관리와 자기 관리를 할 수 있다. 업무 관리는 프리섹션 8가지로 할 수 있고, 자기 관리는 고정섹션 8가지를 통해서 할 수 있다. 바인더는 나에게 나침반 또는 내비게이션과 같은 도구이다. 명확하게 내가 나아갈 방향을 알려준다. 현재 나의 위치와 내가 해야 할 일을 가르쳐준다.

◑ 실천을 중심으로 책 읽기

책을 읽을 때에 실천할 수 있는 내용을 중심으로 읽는 편이다. 《본깨적》이란 책에는 책을 읽을 때에 본 것, 깨달은 것, 적용할 것을 염두에 두라는 말이 나온다. 나는 이 세 가지 중에서 적용할 것을 가장 우선시한다.

《강사력》의 저자 정찬근 강사는 특강에서 "적적또!"라고 말했다. 힘주어 말했다. '적용하고, 적용하고, 또 적용하라'는 의미이다.

《일본전산 이야기》 책을 읽다가 "즉시, 반드시, 될 때까지"라는 부분에 집중하게 되었다. 그리고 즉시, 반드시, 될 때가지 실행하기 위해서 노력했다. 삶 가운데 적용했다. 적용해서 성과도 얻었다.

《성과를 지배하는 바인더의 힘》에는 '거창고등학교 직업 선택의

10계명'이 나온다. 이 내용은 내가 직업을 선택할 때 기준을 세우는 데 많은 도움이 되었다. 누구나 안정적이고 업무 여건이 잘 갖춰진 곳에서 일을 시작하기를 원한다. 하지만 이 책은 그렇게 시작하는 것만을 권하지 않는다. 나는 책이 권하는 대로 고정적 급여가 나오지 않는 보험회사에서 일했다. 또한 제반 여건이 잘 갖춰진 곳을 피하기 위해 1인 기업가(강사)가 되어서 활동하고 있다.

고객의 불편 속에 비즈니스가 있다는 마윈의 말처럼, 나는 고객의 불편을 해결해주기 위해서 노력했다. 그렇게 하면 더 많은 결과를 창출할 수 있다고 생각했다. 내 생각은 적중했다. 《관계우선의 법칙의 책》에서도 비슷한 의미를 강조했다. 나는 이 책도 지침 삼아 행동했다. 강의를 할 때 단순히 1회성 강의로 끝내지 않았다. 내가 할 수 있는 한 수강생 옆을 지키며 도와드리려 애썼다. 강의를 듣고 혼자 힘으로 못하는 수강생에게는 강의를 촬영해서 영상을 제공했다. 지방에 살거나, 어린 자녀들 때문에 수업에 참석하지 못하는 수강생을 위해서는 온라인 동영상 강의를 개설해서 제공했다. 나는 자칭 'AS 전문강사'였다.

《실행이 답이다》에서는 "실천하지 않는 지식은 쓰레기"라고 한다. 전적으로 동감한다. 책에서 얻은 것들은 단 한 가지라도 반드시 실천하고자 노력해야 한다. 그래야만 삶이 변화한다. 나도 책을 읽고 실천하기 위해 애쓰면서 변화를 일으켰다. 주위 사람들에게도 작은 변화를 미치는 사람이 되어가고 있다.

⊙ 성과를 올리기 위해 노력하기

 수많은 강사가 있는 강의 시장에서는 성과를 내야만 살아남는다. 그래서 나는 끊임없이 독서하고, 강의를 찾아다녔다. 그러면서 나의 강의를 수정, 보완해나갔다. 시간관리, 지식관리, 목표관리, 마케팅 등 나에게 필요하지만 부족한 부분들을 기록하고, 부족한 부분을 채워나갈 수 있는 자기계발 책이나 강의가 있으면 득달같이 달려들었다. 그 열정은 만족스러운 성과를 냈다.
 어제의 모습과 똑같은 모습으로 살아가는 것을 경계해야 한다. 그러려면 배움에 투자해야 한다. 배움에 대한 투자는 절대로 손해를 보지 않는다. 반드시 결과로 돌아오게 되어 있다.

⊙ 역산 스케줄링

 역산 스케줄링은 《실행이 답이다》라는 책에서도 언급하고 있다. 역산 스케줄링이란 시간 계획을 세울 때에 목표한 시간을 기점으로 해서 거꾸로 시간을 계산해 나가는 방법이다. 즉, 마감 시간을 기점으로 현재 본인이 해야 할 일에 대해 계획을 세우는 것이다.
 내가 만난 성공한 사람들은 대부분 역산 스케줄링을 하고 있었다. 마감 시간에 쫓겨 촉박하게 일을 처리하는 사람은 드물었다. 일을 잘 쪼개서 그때그때 해야 할 일을 잘 처리해나갔다.

⏱ 저축

    저축을 먼저 하고, 남은 돈으로 생활을 하는 것이 바람직하다는 사실을 머리로는 알고 있었다. 하지만 실제로는 지출을 다 하고, 남은 돈 조금을 저축하는 식으로 살았다. 책을 읽고, 저축의 중요성에 대해 다시 생각하게 되었다. 그래서 우선 저축을 하고, 남은 돈으로 생활을 하는 삶을 시도했다. 어렵지만 꾸준히 하고 있다. 저축은 카카오뱅크를 적금을 통해서 한다. 은행에 따로 가지 않더라도 모바일에서 간편하게 개설을 할 수 있어서 애용하고 있다.

⏱ 운동

    건강한 사람들은 운동을 통해 질병을 예방한다고 한다. 지금껏 나는 병원에 자주 간 편이다. 근래에도 기운이 없어서 두 번이나 링거를 맞으러 갔다. 피트니스 센터를 등록해놓고도 나의 우선순위 법칙에 따라 결석할 때가 많았다. 이제는 운동을 우선순위에 두려고 한다. 운동을 통해서 건강한 몸 만들기에 도전해보고 싶다.

⊙ 시간의 기록

기존에 나는 시간의 기록을 위해 달력을 많이 사용했었다. 달력에 일정을 기록하거나 내가 한 일을 기록했다. 그다음에는 프랭클린 플래너를 4년 동안 사용했다. 그러다가 지인이 알려준 3P바인더를 쓰게 되었다. 오래전부터 메모하고 수집하는 것을 좋아해서 여기저기 기록을 많이 하기는 했지만, 다 분산되어 있는 느낌이었다. 프랭클린 플래너도 좋았지만, 연간 단위의 기록을 단권으로 보관하니 약간의 불편함이 있었다. 이에 비해 3P바인더는 일주일의 내용을 한눈에 볼 수 있는 주간 스케줄이 정말 편리했다. 서류들도 카테고리별로 나눠서 볼 수 있는 서브바인더의 개념이 매우 좋았다.

3P바인더를 쓰면서 많은 변화가 일어나기 시작했다. 월요일부터 일요일까지의 일정들을 기록하고, 새벽 5시부터 밤 12시까지의 시간별 일정을 하나하나 기록해 나가면서 삶에 체계가 잡혀갔다. 그러자 일의 성과들도 조금씩 나타나기 시작했다. 3P바인더로 인해 놓치는 시간들이 사라지니 성과를 얻는 것이 당연했다. 현재 나는 3P바인더로 시간을 관리하는 법을 알려주는 강의도 하고 있다.

프랭클린 플래너는 A1, A2, A3, B1, B2, B3 등으로 스케줄의 중요도와 우선순위를 구분한다. 나에게는 이 형식이 약간 까다로웠다. 너무 세밀하게 구분을 시키니 직관적이지 않았고, 작성하는 데도 어려움이 있었다. 3P바인더에서는 중요한 일 앞에는 그냥 네모

박스만 친다. 그 일이 중요하다는 표시를 시각화한 것이다. 눈에 잘 들어오니 자연스럽게 실행력도 높아지게 된다.

◉ 마인드맵 필기

토니 부잔의 마인드맵 필기법을 알고 나서 마인드맵에 관련한 그의 책들을 모두 구매해서 읽었다. 글씨를 못 쓰고, 그림도 못 그리는 편이어서 디지털 마인드맵에 대해서 먼저 알아보았다. 그리고 무료로 쓸 수 있는 알마인드를 먼저 접해서 쓰기 시작했다. 스마트 워크 교육 과정에서 소개 받은 Xmind는 작성한 맵을 에버노트에 바로 저장하는 기능이 있어서 좋았다.

어느 지인이 독서노트를 나눠주었다. 그런데 시각적으로 아름다운 디지털 맵으로 작성한 독서노트였다. 그 디지털 맵은 Think-Wise. 몇 년 전부터 마인드맵에 관심이 생겨 여러 가지 프로그램을 알아봤는데, 그때 알게 된 디지털 맵이었다. 내 생각에 ThinkWise는 기능이 많아서 복잡해 보였다. 가격도 비싼 편이었다. 그런데 그 이유 때문에 오히려 더 제대로 배워보고 싶은 마음이 들었다. 나는 성수동에 있는 심테크 본사(http://www.thinkwise.co.kr/) 에 찾아가서 2시간 입문 과정 교육을 들었다. 자세히 알고 나니 장점이 많았다. 협업 기능, 한글, PPT로 변환할 수 있는 기능, 일정을 기록해서 구글캘린더와 연동하는 기능이 특히 마음에 들었다. 처음에는 가격이 비싸다고 생각했는데, 쓰면 쓸수록 비싼 가격의, 아니 그 이상의 가치를 한다고 느껴졌다.

지금 나는 ThinkWise를 많은 사람들에게 전하고 있다. 홍보대사가 되었다고 해도 과언이 아니다. ThinkWise는 무엇보다 우리나라 회사의 제품이다. 또한 20년 이상 된 토종 소프트웨어이다. 여러 모로 참 마음에 든다.

에버노트와 3P바인더를 쓰면서도 나는 자료 분류에 대한 고민이 항상 있었다. 이 고민을 디지털 마인드맵 도구인 ThinkWise를 통해서 구조화하고, 시각화하면서 해결했다. 그동안 모아놓은 수많은 자료들을 분류하고, 하이퍼링크를 통해서 연결해나갔다. 그러자 구조적으로 정리가 되면서 복잡한 생각들이 명확해졌다. 조감도처럼 전체를 바라 볼 수 있게 되어서 꼼꼼하게 일을 처리해나갈 수 있었다.

3P바인더 정리력 수업을 들으면서 0.1 버전, 즉 손으로 작성하는 것에 대한 중요성을 새삼 느끼게 되었다. 그래서 마인드맵 이론부터 실제까지 제대로 배울 수 있는 곳을 찾았다. 그 결과 한국 부잔센터(http://www.buzankorea.co.kr/)를 알게 되었다. 한국 부잔센터에서 마인드맵의 이론부터 뇌과학적인 부분, 학습에 미치는 영향까지 자세하게 배울 수 있었다.

마인드맵의 이론적인 부분을 배우고 실습을 하면서 글씨를 더 잘 쓰고 싶어졌다. 그림도 더 잘 그리고 싶어졌다. 그래서 펜글씨 교본을 사서 연습을 했다. 또한 글씨 잘 쓰는 법 카페(https://cafe.naver.com/gnoh)와 드로잉 수업(@드로잉프렌즈)에도 등록했다.

🌙 매뉴얼의 중요성

《성과를 지배하는 바인더의 힘》에서는 매뉴얼의 중요성에 대해 언급한다. 《작은 가게 성공 매뉴얼》에서는 매뉴얼 제작에 대해 상세하게 설명하고 있다. 나는 이 두 종의 책을 강력하게 추천한다.

2012년 나는 유명한 보험 회사에 입사했다. 이곳에서 체계적인 매뉴얼이 어떤 것이라는 것을 분명히 알 수 있었다. 고객과 처음 약속을 잡는 방법에서부터, 상품 설명, 계약, 소개 요청까지 프로세스에 따라서 스크립트로 다 정리가 되어 있었다. 고객이 거절을 했을 때 어떤 멘트를 통해서 극복해야 하는지 거절처리 멘트까지 상세하게 작성이 되어 있었다. 나는 그 매뉴얼을 통해 세계적인 기업들이 왜 세계적인지 그 이유를 확실히 느낄 수 있었다.

매뉴얼 하면 빠지지 않는 기업이 바로 맥도날드이다. 2013년 나는 맥도날드에 라이더로 입사했다. 그리고 체계적으로 잘 정리된 매뉴얼을 보고 놀랐다. 각 파트별로 PDF파일의 매뉴얼이 다 만들어져 있었고, 담당 매니저들은 바쁜 매장 상황 가운데서도 매뉴얼대로 끊임없이 확인하고 점검했다. 작은 부분까지 다 정리되어 있는 매뉴얼을 보면서 정말 디테일의 힘을 실감했다. 맥도날드 매장은 직원보다는 파트타임 알바들이 많은 곳이다. 때문에 일꾼들이 자주 바뀐다. 그렇다면 음식 맛이 변할 수도 있는데, 그런 일은 결코 없다. 일꾼들이 수시로 드나들어도 업무 기준인 매뉴얼이 확고하다 보니 음식의 맛을 유지할 수 있는 것이다.

나는 강의를 하면서 많은 사람들에게 매뉴얼의 중요성에 대해 이야기한다. 현장에서 매뉴얼을 경험했으니, 그 중요성을 강조하지 않을 수가 없다. 그런데 매뉴얼을 만드는 일이 당장 급한 일이 아니라는 생각에, 현업의 일들이 더 바쁘다는 이유로 매뉴얼 제작을 미루는 경우가 많다. 《리스트의 힘》이라는 책에 나오는 것처럼, 하루 한 장의 리스트를 만들어서 정리해나가는 것도 작게 시작할 수 있는 방법이라고 생각된다. 지금 당장 종이를 꺼내서 자신의 업무리스트를 종이에 적어 보자. 머릿속이 시원해지는 느낌을 받을 것이다.

◉ 나 자신을 위한 투자

어디에 가든지 항상 가방에 책을 1~2권씩은 가지고 다닌다. 손에 반드시 볼펜을 쥐고 책을 읽는다. 책의 여백에 나의 생각을 적고, 중요 문장이나 키워드에 밑줄을 긋거나 동그라미 표시를 하고, 기억해야 할 페이지는 접어놓는다. 책에 표시를 하면서 책을 읽다 보면 책 속에서 숨겨진 보물을 찾는 느낌이 든다.

책 속에서 아이디어를 발견한다. 더불어 나의 업무에 반영해서 수익을 더 극대화할 수 있는 인사이트가 실현된다. 나는 책을 읽으며 떠오른 아이디어들을 에버노트에 정리하고, 체크리스트를 만들어서 즉각 실행할 수 있도록 한다. 아이디어는 그대로 두면 증발되고 만다. 《실행이 답이다》에서는 책의 제목처럼 실행을 답으로 제시한다. 나는 그 답을 충실하게 따른다. 실행은 다시 말해 나를 위한 투자이다.

세상에는 많은 투자가 있다. 그중에서 가장 효과적인 투자는 바로 자신에게 투자하는 것이라고 생각된다. 스스로의 성장을 위해서 투자해야 한다. 책 한 권을 사고, 강의를 듣고, 운동을 하고, 건강식품을 먹는 등 자신에게 투자하는 습관을 만들어야 한다.

나는 적극적으로 나에게 투자하고 있다. 2017년 한 해 동안에만 자기계발에 투자한 비용이 1,000만 원이 넘는다. 2019년 상반기에도 500만 원 이상 나를 위해 투자했다. 나에게 투자한 비용은 반드시 10배 이상이 되어서 돌아온다는 것을 잘 알고 있기에 투자금이 조금도 아깝지 않다.

나는 독서 모임에 참석한다. 독서 모임을 직접 운영하기도 한다. 이것들 역시 나를 위한 투자이다. 독서 모임을 운영하면 더욱 많은 성장을 기대할 수 있다. 독서 모임 홍보를 위해서 마케팅을 배우게 되고, 운영자로서 여러 사람과 교류하면서 대인관계도 좋아지고,

책을 정리하고 발표하면서 리더십과 표현력이 좋아진다. 이 외에도 유익한 점이 많으므로 꼭 독서 모임을 만들어서 운영해보기를 추천한다.

나는 양재 독서 모임에 두 번 나가본 후 '강동나비'라는 독서 모임을 시작했다. 나아가 '서리풀나비'라는 독서 모임을 만들어서 1년 동안 운영했다. 운영을 하면서 어려움도 많이 있었지만, 어려운 만큼 성장도 할 수 있었다. 운영의 스킬을 키우고 싶어서 독서 기본 과정과 독서 리더 과정 등을 수강하기도 했다. 그런 노력 자체가 모두 성장의 자양분이었다.

🔵 실패에 대한 나의 생각

에디슨은 실패는 성공의 어머니라고 했고, 《아직도 가야 할 길》 책에서는 고통을 통해서 배운다고 했다. 실패를 성장의 밑거름으로 삼으면 더 성장할 수 있다. 그러나 우리는 실패에 두려움이 앞서서 무엇인가를 시작하지 못할 때가 많이 있다. 어린아이들은 수천 번 넘어지면서 일어서는 법을 배운다. 누구나 수십 번 넘어지면서 자전거 타는 법을 배운다. 실패는 성공으로 나아가는 디딤돌이 된다.

나는 실패도 기록으로 남기는 것이 중요하다고 생각한다. 누구나 아픈 과거, 상처, 실패의 경험을 빠르게 잊고 싶어한다. 그러나 실패를 기록함으로써, 기록하며 기억함으로써 실패를 돌아보는 것이 성공에 도움이 된다. 실패를 분석하며 셀프 피드백의 시간을 갖는 다면 다시는 같은 실패를 반복하지 않을 것이다.

사람은 넘어질 때마다 무엇인가를 줍는다고 했다. 인생은 가까이 서 보면 비극, 멀리서 보면 희극이라고 했다. 학교를 그만두고 배달 만 10년 동안 하면서 살아갈 때, 나는 내 자신이 실패한 인생으로 여겨졌다. 잘하는 거 하나 없고, 많은 사람들에게 무시당하고, 버는 돈은 시급 6,000원에서 7,000원이 고작이니 성공한 인생과는 너무 도 거리가 멀었다. 하루하루가 고통이었다. 내가 무엇을 좋아하는 지, 무엇을 잘하는지, 무엇을 하고 싶은지조차 몰랐다. 그러나 그 실패를 기록하고, 발판 삼으면서 성공의 길에 올라설 수 있었다.

《꿈꾸는 다락방》을 시작으로 성공한 사람들의 책과 성공 습관에 대한 책을 닥치는 대로 읽었다. 성공한 사람들의 긍정습관을 배우 고, 내가 관심 있는 것보다는 내가 할 수 있는 것에 집중했다.

내가 할 수 있는 일을 더 열심히 하자 긍정적 성과가 나타나기 시 작했다. 알바를 하면서도 직원 이상의 월급을 받게 되었고, 전국을 다니는 강사라는 목표도 세울 수 있게 되었다.

성공한 사람들은 기록하는 습관, 목표 세우는 습관을 갖고 있었 다. 나도 그것을 따라하면서 습관을 들였다. 그 결과 나의 수입에도 변화가 생겼고, 나의 내면에도 변화가 생겼다.

성공과 관련한 이미지를 구해서 벽에 붙였다. 그것을 보면서 늘 성공한 모습을 상상했다. 사람들을 만나면 성공을 이야기했다. 필요한 것은 종이 위에 반복해서 적었다. 성공한 사람들의 습관을 따라하면 나도 성공에 조금이나마 가까워질 수 있다고 믿었다. 아직 큰 성공을 이룬 것은 아니지만 그 믿음은 옳았다. 5년 전의 나에 비하면 나는 껑충 성장했다. 앞으로 또 5년 후의 모습이 기대가 된다.

◉ 프리랜서란 누구인가?

1. 남들 쉴 때 일하고, 남들 일할 때 쉬는 사람
2. 엄격히 자기 관리를 하는 사람
3. 자신만의 목표를 세우고, 목표를 향해서 자기의 마음을 다잡고, 늘 스스로를 채찍질하는 사람
4. 일에 대해 알려주는 사람이 없기에 스스로 책을 통해 배우고 경험을 통해 터득하는 사람
5. 남들이 쉴 때 더 치열하게 공부하고 연구하지 않으면 밀려나는 사람
6. 그래서 오늘도 부지런히 연구하고 공부하는 사람

● 아무리 노력해도 성과가 나오지 않는다면

아무리 노력해도 성과가 나오지 않을 때가 있다. 불과 몇 년 전 강의를 시작할 무렵 그랬다. 나는 최선을 다해서 강의 준비를 했는데도 강의를 신청하는 사람이 한 명도 없어서 폐강을 한 적이 많았다. 10명이 신청할 것을 기대해서 10인실 강의장을 대관했는데. 1명만 온 적도 있었다.

그래도 나는 포기하지 않고, 매주 강의를 열었다. 전국을 다니는 강사가 되겠다는 목표를 세웠기 때문에 그 목표를 향해서 달려갔다. 모집이 안 되는 이유를 찾기 위해서 미친 듯이 책을 읽고, 배우러 다녔다. 수많은 마케팅 교육을 듣고, 수많은 선배 강사들을 찾아다니며 배웠다. 책에서 배운 내용들, 강의에서 배운 내용들, 선배 강사들을 통해서 배운 내용들을 실천하기 위해서 노력했다. 한 명이 와도 최선을 다해서 강의했고, 강의 주제를 적절히 변경했고, 사람들이 필요로 하는 부분을 지속적으로 충족시키기 위해서 노력했다. 진심을 다해서 강의했다. 진심은 통했다. 한 명 한 명 수강생들이 늘어갔고, 시간당 3만 원도 받기 힘들었던 강사료가 10배 넘게 올랐다.

나는 항상 초심을 잊지 않기 위해서 노력한다. 처음에 배고프고 힘들었던 시간들을 잊지 않기 위해서 지금도 처음에 강의했던 사진들을 수시로 살펴본다. 아무리 노력해도 성과가 나오지 않는 경험들은 누구나 있을 것이다. 느릴지라도 거북이처럼 끝까지 목표를 향해 나아가기를 바란다. 그래야만 승리할 수 있다고 생각한다.

🕐 미국여행

불과 몇 년 전만 해도 나에게 해외여행은 꿈만 같은 이야기였다.

'수백만 원이 드는 해외여행을 나도 갈 수 있을까?'

막연했지만, 일단 종이 위에 가고 싶은 나라들을 하나씩 적어나갔다. 많은 자기계발 서적에서 종이 위에 꿈을 쓰면 이루어진다고 했기 때문이다.

목표를 세우고 나니, 이런 생각이 들었다.

'해외여행을 다니면서도 수익을 발생시킬 수 있지 않을까?'

온라인을 이용한다면 한국에 머물러 있지 않아도, 해외 어디에서도, 일을 하고 수익을 낼 수 있겠다는 생각이 들었다.

그 생각으로 시작한 것이 강의 촬영이었다. 나는 강의를 동영상으로 만들어서 온라인에서 판매하기 시작했다. 다행히 성과가 있었다. 거리나 시간적으로 여건이 되지 않아 오프라인 강의에 참석이 어려웠던 수강생들이 온라인 강의를 반겼다. 그들이 구매를 주도하면서 내게 자신감을 안겨주었다. 그들 덕분에 온라인 시스템만 탄탄히 구축한다면 해외를 다니는 꿈을 이룰 수 있을 것 같았다.

'인터넷만 되는 곳이라면 어디서든 고객들과 소통할 수 있으니 마음 놓고 한국을 떠날 수 있겠어.'

나는 꿈 리스트에 '미국'을 적었다. 미국은 영화에서나 보던 나라였다. 나는 막연하게 선진국이라는 생각만 갖고 있었는데, 꼭 한 번은 가보고 싶었다. 그래서 꿈 리스트에 적은 것이다. 나는 미국 여행을 꿈꾸며 조금씩 적금을 해나갔다. 꿈을 꾸면서도 두려움이 앞섰다. 영어도 잘하지 못하는 내가 혼자 미국 땅을 밟는다는 게 엄두가 안 났다. 그러던 가운데 지인을 만났다. 미국 서부의 그랜드캐니언을 다녀왔는데, 너무 좋았다고 얘기해주었다. 죽기 전에 꼭 가봐야 할 곳이 그랜드캐니언이라고 했다. 그 말을 듣자 미국으로 떠나고 싶은 열망이 한층 강렬해졌다.

그 지인이 다시 미국으로 2주 동안 교회 비전 트립을 떠난다고 했다. 고등부 학생들과 함께 가는 여행이었다. 나는 조심스레, 하지만 용기를 내서 부탁했다.

"미국 땅을 밟는 건 저의 꿈 리스트에 있는 부분인데 함께할 수 있을까요?"

지인은 좋다고 했다. 하지만 교회의 허락이 떨어져야만 했다. 다행히 교회에서도 내 부탁을 들어주었다. 드디어 나는 미국 여행이라는 꿈을 이룰 수 있었다.

2주 동안 미국이라는 나라에서 많은 것을 보고 느꼈다. 무엇보다 가장 기억에 남는 것은 장애인에 대한 복지 부분이었다. 유명 관광 지인 그랜드캐니언에서도 장애인에 대한 배려가 이루어지고 있었다. 버스는 물론 장애인들이 쉽게 다닐 수 있도록 길이 닦여 있었다. 디즈니랜드에서도 내 눈에는 장애인 관련 시설이 먼저 보였다. 디즈니랜드에는 장애인들을 위한 편의시설이 잘 갖춰져 있었다.

'선진국'의 의미를 다시 한 번 생각하게 되었다. 단순히 부유하게 잘사는 나라가 선진국이 아니었다. 장애인을 위한 복지가 잘되어 있는 곳이 진정한 선진국이었다. 그런 의미에서 미국은 진정한 선진국이었다.

세계에서 가장 발전한 나라이지만 미국에는 아직도 미개척지가 많았다. 끝도 없이 펼쳐진 땅을 보면서 많은 생각을 했다.

'세상은 참 넓구나, 정말 넓은 세상에 내가 살고 있구나!'

나의 그릇을 더 키워야겠다는 다짐도 했다. 넓은 세상에서 잘 살아가려면 작은 그릇으로는 어림도 없겠다는 생각이 들었다.

미국에는 다양한 사람들도 참 많았다. 일일이 열거하기 어려울 정도다. 나는 그 많은 사람들을 보면서 그동안 편협한 사고에 갇혀 살았던 내 모습을 발견했다. 나와 다르면 틀리다고 생각했던 과거의 나를 깨달았다. 그리고 반성했다.

◑ 여행을 통해 나를 발견하다

여행을 통해서 나를 발견한다. 내가 좋아하는 것은 무엇인지, 또 싫어하는 것은 무엇인지, 나는 어떤 사람인지 알게 된다. 평소와 다른 여행의 생활 가운데서 나의 내면을 들여다보게 된다. 본 모습을 찾게 된다.

여행지에서 만난 웅장한 산맥, 그리고 끝없는 평야는 나를 한없이 초라하게 만든다. 그래서 반성하게 만든다. 수많은 사람들이 저마다 가지가색의 모습으로 살아가는데, 그것이 정상인데, 나는 그동안 얼마나 옹졸한 마음으로 살아왔던가.

넓고 넓은 세상을 경험하고 다시 평범한 일상 속으로 들어간다. 일상에서 나는 다짐한다. 드넓은 세상을 본 것을 결코 잊지 않고 살아가겠다고.

◑ 왜 바인더를 쓸까?

바인더 수업 시간이었다. 나는 수강생들에게 소리 높여 말했다.

"왜 바인더를 쓰세요? 왜 바인더를 인증해서 올리라고 할까요? 여러분들을 귀찮게 하고 괴롭히려고 그러는 걸까요?"

수강생들에게서는 아무런 답이 없었다. 눈이 뜨였다. 꿈이었다.

무언가에 몰입하면 꿈에 나타나는 일이 많다. 내가 바인더에 몰입하고 있는 바람에 바인더에 관한 꿈을 꾸었다.

나는 미국 여행길에 무거운 바인더를 가져갔다.

'나는 왜 바인더를 쓰는 것일까?'

미국에서 바인더를 기록하면서 바인더에 의존하는 스스로를 되돌아보게 되었다.

내가 바인더를 쓰는 이유, 우선은 '계획' 때문이다. 브라이언 트레이시는 "계획에서 1분을 투자하면 실행에서 10분의 시간을 절약할 수 있다"고 말했다. 나는 바인더를 통해서 나의 삶을 계획해 나간다. 하루의 삶, 일주일의 삶, 한 달의 삶, 일 년의 삶을 계획한다. 그렇게 바인더로 계획하면 실행이 수월하다.

2019년 한 해는 다른 때보다 더 많은 해외 일정을 기록해두었다. 새로운 것을 경험하는 것이 나에게 중요한 가치가 되었기 때문이다. 틀에 박힌 생각을 깨기 위해서, 우물 안 개구리가 되지 않기 위해서 나는 더 많은 것들을 경험하기로 했다. 그러려면 더 크고 넓은 세상으로 나가야 한다. 그런 이유로 해외여행 일정들을 계획하게 되었다. 바쁜 일정을 소화하면서도 많은 해외 일정을 잡을 수 있었던 것은 바인더 덕분이다. 바인더에 중요한 시간과 일들을 먼저 배치했기에 가능했다.

내게 바인더는 삶에 대한 기록이기도 하다. 많은 이들이 바인더를 업무용으로만 쓴다. 나는 업무용 외에 삶의 일지로도 쓴다. 꼼꼼하지 않은 성격임에도 불구하고 최대한 꼼꼼하게 그날그날의 일들을 바인더에 기록하기 시작했다. 포켓포토를 통해서 사진도 출력해서 붙이기까지 했다. 단순한 사실 위주의 기록에 머물지 않았다. 하루하루의 소중한 기억들을 모두 담기 위해서 노력했다.

지금 나에게 가장 소중한 바인더는 가장 힘들었던 시기에 썼던 배달 바인더들이다. 땀에 젖고, 비에 젖은 바인더들. 비가 오나 눈이 오나 주머니에 넣고 다녔던 꼬깃꼬깃한 종이 수첩을 바인딩한 그 더미가 나의 바인더가 되었다. 보물이 되었다.

힘들고 아팠던 시간들도 나의 삶이다. 그 삶을 내가 사랑해주지 않으면 아무도 거들떠보지 않는다. 무의미해질 수도 있다. 바인더에 좋은 일만 기록하는 것을 나는 경계한다. 힘든 일, 아픈 일을 모두 기록해서 삶을 완성해가기를 원한다. 그래서 오늘도 나는 바인더에 삶을 기록한다.

지난가을 유럽 여행을 다녀왔다. 사진을 많이 남겼다. 그렇지만 매일매일 바인더를 쓰지 않았다. 때문에 그때 느꼈던 감정들이 많이 남아 있지 않다. 아쉽고 후회된다. '나중에 정리해야지'라고 생각했던 건 큰 오산이었다. 그 말은 안 하겠다는 말이나 다를 바 없다. 다시는 이런 실수를 되풀이하지 않을 것이다.

🌀 강의의 시작

내가 알고 있는 것을 사람들에게 나누고 싶은 마음에 카페에서 일대일 수업을 시작했다. 처음에는 1만 원을 받고 3시간 동안 강의했다. 내가 알고 있는 내용에 대해 알려드리고 커피를 사드렸다.

평일에는 배달을 하고 주말에는 강의를 했다. 강사가 되고 싶었지만 일정한 수입이 지속되지 않아 투잡, 스리잡을 하면서 강사를 준비했다.

출근시간 전, 점심시간, 퇴근 시간 이후에는 항상 책을 읽었다. 이동 시간에도 독서를 했다.

수강생이 한 명이 오든 두 명이 오든 중요한 게 아니라고 생각하고 강의에 최선을 다했다. 다른 강사의 강의를 미친 듯이 찾아다니면서 배웠다.

아무리 좋은 콘텐츠가 있어도 사람들에게 알리지 않으면 무용지물이라고 생각했다. 그래서 본격적으로 마케팅에 대해 공부했다. 공부한 것을 적용하자 강의가 급격히 늘어나기 시작했다.

용기를 내서 블로그에 글을 쓰고, 강의 영상을 찍어서 유튜브에 업로드했다. 강의를 들어보지도 않은 사람들이 비난의 댓글을 남기기도 했지만, 묵묵히 나의 길을 걸었다. 진솔한 강의를 하고, 한 명 한 명에게 끊임없이 피드백을 했다. 그런 정성을 기울이니 어느 정도 팬들도 생기기 시작했다. 수강생들이 내가 하는 강의를 다른 사람에게 소개하기도 했다.

배우는 데 몇백만 원, 몇천만 원을 투자해도 정작 만족스러운 수익을 내지 못하는 사람들을 위해 '백만장자 메신저' 과정을 만들었다. 벌써 3기 과정이다. 수업은 4주 과정으로, 읽고, 듣고, 말하고, 쓰기를 한다. 읽고, 듣고, 말하고, 쓰면서 자신만의 콘텐츠를 온라인을 통해서 수익화하는 방법을 익히는 것이다.

나의 경험과 지식이 누군가에게 수익을 내는 데 도움이 된다는 믿음으로 강의를 이어나간다.

어떤 사람들은 안 되는 이유를 찾으면서 안 된다는 이야기만 한다. 반대로 되는 사람들은 될 수밖에 없는 방법들을 찾으면서 살아간다.

◑ SNS라는 파도를 타라

아무리 좋은 콘텐츠가 있더라도 많은 사람들에게 알려주지 않으면 쓸모가 없다. 많은 사람들에게 알려주기 위해서는 SNS라는 파도를 타는 것이 좋다. SNS는 입소문으로 전하는 방식의 확장판이다.

본인이 알고 있는 것을 지인들에게만 나눠주는 데는 한계가 있다. 지인들의 수는 한정되어 있기 때문이다. 더 많은 사람들에게 파급력을 발휘하기 위해서는 SNS가 최고다.

처음에는 온라인에서 무료로 자료들을 나눠주고, 오프라인에서 10,000원이나 20,000원 정도를 받으며 소규모의 강의를 진행해보자.

소규모의 강의를 꾸준히 진행하면서 성공사례들을 만든다. 성공사례들을 SNS로 사람들에게 알린다. 그리고 SNS의 파도를 타고 성공을 향해 항해하자.

◑ 긍정문 모음

1. 나는 항상 최고를 기대한다.

2. 나는 나를 인정하고 칭찬한다.

3. 나는 나에게 찬사를 보낸다.

4. 나는 나를 아무 조건 없이 사랑한다.

5. 나는 날마다, 모든 면에서, 점점 더 좋아지고 있다.

6. 나는 천재다.

7. 나는 최고다.

8. 내 인생은 내 책임이다.

9. 나는 내 삶의 주인공이다.

10. 나는 살아 있다.

🌙 나를 키운 부끄러움

나는 주로 강남 지역에서 배달을 했다. 서울의 다른 지역보다 강남 지역이 알바비를 더 많이 주기 때문이다. 하루는 강남 스타타워에 배달을 나갔다. 비오는 날이었다. 배달을 하고 건물 엘리베이터를 타고 내려오는데, 엘리베이터 안 사람들이 영어로 웃으면서 대화를 나눴다. 나는 한마디도 알아들을 수 없었다. 비와 땀에 축축하게 젖은 내가 부끄러웠다. 내가 봐도 내 모습은 몰골이었다. 나는 창피함에 고개를 푹 숙인 채 1층까지 내려왔다.

정말 아픈 기억이다. 그때 그 순간이 종종 떠오른다.

'나도 영어로 사람들과 대화를 하면서 웃고 싶다. 강남의 사무실로 출근을 하면 얼마나 좋을까?'

그때 나는 이런 생각에 사로잡히고 말았다.

그 꿈을 조금씩 이루어가는 중이다. 강남 위워크 사무실에 등록을 했다. 요즘 나는 강남으로 출근 중이다. 영어로 웃으면서 대화를 나눌 수준은 아니지만, 영어 공부도 매일 꾸준히 하고 있다. 조금씩 공부 시간을 늘려가는 중이다.

힘들었던 시간들이 성장의 밑거름이 되었다. 배움에 대한 결핍이 있었기 때문에 늘 새로운 것을 배우려고 시도한다. 독서를 한다. 끊임없이 공부한다.

나의 일에 진정한 프로가 되기 위해서 영어를 공부하고 있다. 영어로 전문적인 영역까지 소통할 수 있는 능력을 갖추기 위해서 노력하고 있다. 학교 다닐 때는 그렇게 재미없고 싫었던 영어가 이제는 나의 꿈을 이뤄주는 도구라고 생각하니, 재미있고 좋다. 영어를 공부하는 시간들이 소중하고 감사하다.

오늘도 밤 늦은 시간까지 사무실에서 공부를 한다. 포로가 아닌 프로의 삶을 살기 위해서다.

◑ 타이탄의 성공 비결 시각화

타이탄의 성공 비결을 한마디로 요약하자면, 시각화다. 긍정적인 일이든 부정적인 일이든, 시각화해서 정리하면 현명한 해결책을 더 많이 얻을 수 있다.

자기계발 서적을 읽다 보면 반복적으로 이야기하고 강조하고 있는 점이 있다. 시각화이다. 목표를 시각화하는 것은 그 무엇보다 중요하다. 그것은 푯대를 단단히 세워놓고 앞으로 나아가는 일이라 볼 수 있다.

호손의 소설《큰 바위 얼굴》을 잘 알 것이다. 그 소설에서는 항상 바라보면 닮는다고 하는 이야기가 나온다. 시각화한 목표를 항상 바라보면, 닮는다. 그래서 목표가 이루어진다.

김승호 회장의 《생각의 비밀》에서도 시각화를 강조한다. 저자는 원하는 바를 100일 동안 100번씩 쓰라고 한다. 이시다 히사쓰구의 《3가지 소원 100일의 기적》이라는 책에도 원하는 바를 100일 동안 3번씩 적으라는 내용이 나온다.

결국 원하는 바를 그냥 머릿속으로만 그리지 말라는 이야기다. 종이 위에 작성해서 시각화하라는 것이다. 그래야만 목표가 구체화되고, 목표를 향해 나아갈 수 있다.

나 또한 전국을 누비는 강사가 되고 싶다는 꿈을 종이 위에 써서 벽에 붙였다. 내가 가지고 싶은 모델의 오토바이 포스터를 구해서 벽에 붙였다. 갖고 싶은 노트북 등 원하는 것들이 생길 때마다 사진을 구해서 벽에 붙였다. 시각화한 것이다. 시각화한 목표는 대부분 이루어졌다.

많은 자기계발 서적들이 이야기하는 내용이라면 성공 공식이라고 봐도 무방하다. 그러므로 '시각화'는 성공 공식이다. 성공하지 못하는 많은 사람들처럼 시각화를 미룰 이유가 없다. 성공하는 사람들은 성공 공식을 즉각 실행한다. 그것이 보통 사람들과의 차이점이다.

지금 바로 종이와 가위, 풀을 준비하자. 자신의 꿈을 종이 위에 적고, 꿈을 드러내는 이미지도 종이 위에 붙이고, 그것을 벽에 붙이자. 매일 바라보자. 핸드폰이나 노트북의 배경화면으로 나의 꿈을 시각화시키는 것도 좋은 방법이다. 타이탄들이 사용한 시각화 방법을 우리도 시행하자. 그래서 우리 또한 타이탄이 되자.

⏺ 변화와 성장을 위한 기록

대학교 연구원으로 일하던 지인이 있었다. 그 지인은 나보다 세 살 많은 형이다. 형은 내가 어떤 말을 할 때 좋은 내용이라고 생각되면 포스트잇을 꺼내서 망설임 없이 적었다. 쉬지 않고 적었다. 형의 책상 위에는 수없이 기록한 포스트잇들이 수북이 쌓여 있다. 놀라운 것은 매일매일 시간대별로 기록을 했다는 점이다. 몇 시에 어떤 일을 했는지가 포스트잇에 다 기록되어 있다. 그것을 보면 정말 감탄이 절로 나온다.

나는 내 머리가 좋다고 생각한 적이 없다. 그래서 종이 위에 끊임없이 기록했다. 강남에서 퀵서비스를 할 때는 무전으로 배송지 주소를 확인하고 수첩에 기록했다. 수첩에 기록한 내용들을 집에 가서 강남구 지도 위에 표시하고, 표로 따로 정리했다. 'OO번지. A상가는 OO건물에서 몇 번째 골목 지나서 몇 번째 집'이라는 식으로 정리한 것이다. 기존에 내가 자주 가던 단골집들을 기준점으로 삼고 이와 같은 식으로 정리를 하니 암기가 쉽게 되었다. 그러자 당연히 배달 시간이 줄게 되었다. 단축한 시간은 공부를 하며 썼다.

배달을 하면서도 한쪽 귀에는 이어폰을 꽂은 채 성공한 사람들의 강연을 들었다. 현재의 모습으로 평생을 살아가고 싶지 않다는 결단의 날 이후로 나는 시간을 허투루 쓴 적이 없었다. 시간을 단축할 수 있는 방법에 대해서 계속 고민하고 연구했다. 시간 관리에 대한 책들을 읽고, 시간 관리에 대한 강연들을 찾아다녔다.

책 속에 나오는 좋은 글들을 수첩에 적어서 지니고 다녔다. 엘리베이터를 기다리는 시간에는 수첩을 꺼내서 작성한 글들을 외웠다. 신호등에 걸렸을 때도 수첩을 꺼내 들었다. 소리 내서 읽으면서 나만의 언어로 표현하는 훈련도 했다. 나에게 시간은 무엇보다도 중요했기에 토막 시간을 철저하게 활용할 수밖에 없었다.

⊙ 글쓰기

항상 휴대하고 다니는 스마트폰에 나의 이야기를 쓴다. 나만의 메모장인 에버노트에 작성하기도 하고, 블로그나 브런치에 올리기도 한다. 글을 써서 올렸을 때 사람들의 공감을 받으면, 좋은 댓글이 달리면, 공유되면 힘을 받아서 더 열심히 글을 쓰게 된다,

초고는 쓰레기라는 말이 있다. 처음부터 좋은 글을 쓰는 사람이 얼마나 있을까? 자신의 머릿속에 있는 생각들을 흰 백지 위에 편하게 써내려가면 된다.

나는 그때그때 떠오르는 글감들을 메모 형식으로 작성한다. 책을

읽다가 얻은 좋은 문장, 단어들을 메모한다. 그리고 마인드맵을 통해서 구조화시킨다. 구조화된 메모들을 보면서 글을 쓴다. 쓴 글을 보고 다듬는다. 또 다듬는다,

군이 컴퓨터 앞에 자세를 갖추고 앉아 쓰지 않아도 괜찮다. 우리가 항상 소지하는 스마트폰에 작성할 수도 있다. 개인적으로는 블루투스 키보드(로지텍 K380 모델)를 통해서 스마트폰과 연동해서 글을 쓰는 방법을 추천한다. 지금 나도 이 글을 스마트폰과 블루투스 키보드를 통해서 작성하고 있다.

머릿속에 떠오른 글감들을 바로 자신만의 언어로 표현을 하는 것이 중요하다. 복잡한 생각, 어려웠던 마음들을 글로 쓰면 정말 힐링이 많이 될 것이다. 나도 체험했다. 글을 쓰면서 치유가 된다는 말의 의미를 나는 잘 알고 있다.

마음의 상처로 힘이 든다면 반드시 종이 위에 기록해보기를 바란다. 종이 위에 본인의 생각들을 모두 적고 들여다보면, 객관적으로 스스로를 바라볼 수 있다. 큰 문제로만 보이던 일들이 작게 보일 것이다. 해결점들이 하나둘 나타날 것이다. 해결점들이 나타나면 꼭 적어야 한다. 작성한 뒤 우선순위를 정해서 하나씩 실행해 나가면 된다.

글을 쓸 때는 앉아서 쓰는 것보다 서서 쓰는 것을 추천한다. 서서 글을 쓰면 더욱 집중이 된다. 빠른 시간에 더 좋은 이야기를 쓰게 되는 경험을 맛볼 수 있을 것이다. 요즘에는 저가형 스탠드형 책상

도 많이 나오니 꼭 서서 글을 써보기 바란다.

김종원 작가가 서서 글을 쓴다는 이야기를 들었다. 그래서 나도 스탠드형 책상을 샀다. 그 책상에서 매일 30분 또는 1시간씩 글을 썼다. 이제는 카페에 가도 의자에 앉기보다는 스탠드형 책상이 있는 곳에 자리를 잡는다. 그곳에서 업무를 하고, 글을 쓰고, 독서를 한다. 실제로 나도 빠른 시간에 더 많은 글을 쓸 수 있었다. 더 많은 일을 할 수 있었다.

🕐 지금의 조건에서 시작하는 힘

모든 것이 준비가 되어서 시작할 수도 있다. 하지만 현실적으로 모든 것을 준비하기가 쉽지 않다. 나는 현 시점에서 내가 가지고 있는 자원을 가지고 시작했다. 내 수준에 맞게 시작했다.

전문가라서 책을 쓰는 것이 아니라 책을 쓰면 전문가가 된다고 한다. 강사도 마찬가지다. 전문가라서 강의를 하는 것이 아니라 강의를 하면 전문가가 된다. 유명하고 유능한 강사들이 하나같이 모든 것을 갖춘 상태에서 시작하지는 않았다. 현재 본인이 알고 있는 수준에서 시작한 뒤 노력으로 보완한 것이다.

4년 전, 나는 유튜브에 처음으로 강의 영상을 올렸다. 이때 강사로서의 능력도 부족했지만, 물리적으로도 많이 부족했다. 카메라도 없었고, 방송 장비도 허술했고, 영상 편집기술도 형편없었다. 하지만 '지금의 조건'에서 용기를 내서 시작했다. 스마트폰 삼각대에 스마트폰을 고정한 뒤 강의 영상을 촬영했다. 그리고 어설프게 편집해서 유튜브에 올렸다.

◑ 관점의 차이

같은 사건을 어떻게 바라보느냐에 따라서 기분이 달라지고, 생각이 달라지고, 결과가 달라진다. 관점을 바꾸는 데 가장 큰 도움이 되는 것은 다름 아닌 독서이다. 독서를 하면 성공하는 사람들의 관점을 엿볼 수 있다. 성공하는 사람들의 관점을 통해서 자신의 관점 또한 바꿔나갈 수 있다. 관점이 바뀌면 세상이 다르게 보인다. 독서를 통해서 기존의 관점이 아닌, 성공자의 관점으로 세상을 바라보자.

마치는 글

이십대, 힘들고 어려운 시간이었다. 더러운 일로 가득 찬 시간이었다. 하루하루가 고통이었다. 평생 고통 속에서 살고 싶지 않았지만, 방법을 알지 못했다. 다른 모습으로 살고 싶다고 매일 각오하고 또 각오했지만, 구체적으로 어떻게 살아야 할지 막막하기만 했다. 온통 검은 나날뿐이었다.

살아가면서 어떤 일이 생길 때마다 다른 사람을 탓했다. 부모님 탓, 선생님 탓, 사장님 탓, 친구 탓, 이성 탓. 모든 문제의 근원을 나에게서 찾지 않고 다른 사람에게서 찾으려고 했다. 내 인생의 주인공은 나인데, 왜 내 안에서 답을 찾고 문제를 해결하려 하지 않았을까? 왜 핑계를 대면서 불평불만 속에 살았을까? 세상에서 내가 가장 불쌍한 사람이라고 생각하기도 했었다. 남들은 다 행복한데, 나만 이 모양 이 꼴로 살고 있다고 자학하기도 했었다.

어느 날 문득 이래서는 안 되겠다는 생각이 들었다. 다른 삶을 살고 싶어졌다. 책을 읽었다. 책 속에서 성공한 사람들을 만났다. 그들은 문제의 근원을 자신에게서 찾고, 스스로 해결해 나갔다. 나도 그들처럼 해야 했다.

나는 모든 문제의 책임을 나 자신에게 두기 시작했다. 독서를 하고 교육을 들으며 삶을 변화시켜갔다. 스스로에게 질문하고 스스로의 힘으로 하나씩 하나씩 답을 찾아 나갔다. 오늘 나의 모습은 어제 나의 생각의 결과라는 것을 받아들였다. 내일의 모습이 달라지기 원한다면 오늘부터 달라져야 했다. 다른 사람에게 책임을 전가하지 않는 자세가 필요했다. 내 인생은 전적으로 나의 책임이었다.

스물아홉 살 때부터 본격적으로 자기계발에 관한 책을 읽고, 강연을 들었다. 그러면서 강사의 꿈을 키웠다. 내가 알고 있는 정보들을 사람들에게 전하는 사람이 되고 싶었다. 특히 나처럼 진로에 대해서 고민하는 청년들에게 독서의 중요성과 자기계발의 중요성을 알려주고 싶었다.

정말 생생하게 꿈꾸면 이루어진다는 말을 믿고 강사가 되기 위해 부단히 노력했다. 노력은 배신하지 않았다. 정말 강사가 되어서 많은 청년 앞에서 강의할 기회가 생겼다. 나는 그 기회를 살려 청년들에게 작은 희망의 메시지를 전했다. 행복했다. 나는 그 행복을 안은 채 전국을 누비는 강사가 되겠다는, 새로운 꿈을 품었다. 끝내 그 꿈도 이루었다.

첫 지방 강의가 생각난다. 강의를 한 지역은 대구였다. 이미 본문에서도 소개했지만 한 교회 목사님이 교회 교육장을 강의장으로 제공해주었다. 홍보에도 도움을 주었다. 이 지면을 빌려 다시 한 번 감사를 전한다.

본문에서도 언급했지만, 종이 위의 기적은 정말로 있다. 나도 전국을 다니는 강사가 되겠다고 종이 위에 쓰니까 정말 그 꿈이 이루어졌다. 나는 그 밖의 크고 작은 꿈들을 종이 위에 썼다. 대부분 현실이 되었다. 꿈을 종이 위에 쓰는 것은 생생하게 꿈꾸는 행동이다. 여러분도 생생하게 꿈꾸기를 바란다. 꿈을 이루고 싶다면.

오늘도 나는 부산에 강의를 가고 있다. 이제는 새로운 꿈을 꾼다. 비행기를 타고 전 세계를 다니면서 강의하는 꿈을. 그 꿈도 종이 위에 썼다. 머지않아 이루어진다고 나는 확신하고 있다. 여러분의 꿈은 무엇인가? 이제 이 책을 덮고서 무엇인가를 해야겠다는 생각이 든다면 즉시 행동하기 바란다. 당신의 행동에 길이 있을 것이다.

고교중퇴 배달부

연봉 1억
메신저 되다

초판 1쇄 발행 _ 2019년 11월 25일
초판 3쇄 발행 _ 2020년 8월 20일

지은이 _ 박현근
펴낸곳 _ 바이북스
펴낸이 _ 윤옥초
책임 편집 _ 김태윤
책임 디자인 _ 이민영

ISBN _ 979-11-5877-138-6 03190

등록 _ 2005. 7. 12 | 제 313-2005-000148호

서울시 영등포구 선유로49길 23 아이에스비즈타워2차 1005호
편집 02)333-0812 | **마케팅** 02)333-9918 | **팩스** 02)333-9960
이메일 postmaster@bybooks.co.kr
홈페이지 www.bybooks.co.kr

책값은 뒤표지에 있습니다.

책으로 아름다운 세상을 만듭니다. ― 바이북스